SUELOS

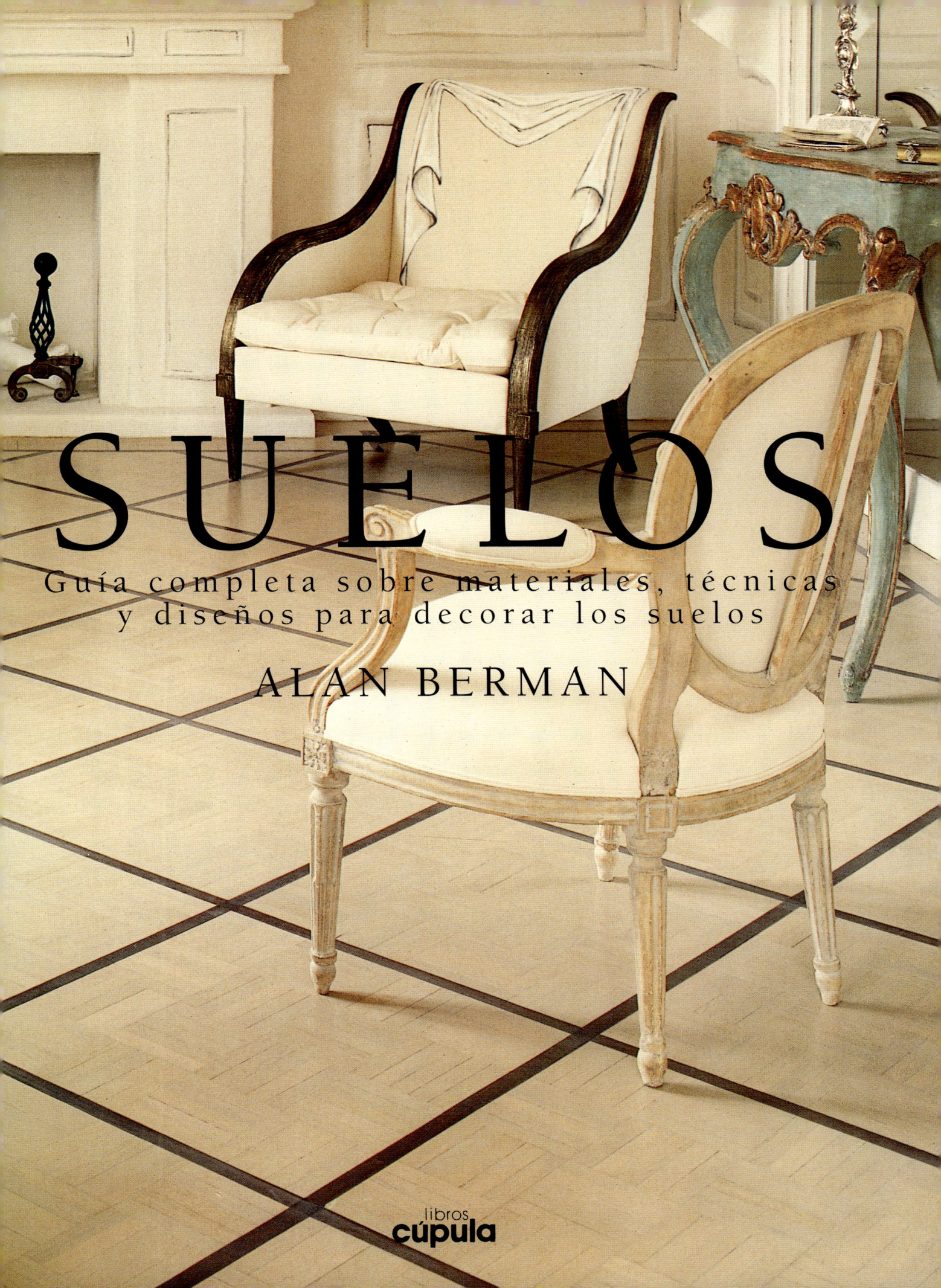

SUÈLOS

Guía completa sobre materiales, técnicas
y diseños para decorar los suelos

ALAN BERMAN

libros cúpula

PÁGINA 1 *Este tipo de bloques de madera, lijados y sellados, reúne las mejores características de un suelo intemporal y discreto que se adaptará a cualquier tipo de mobiliario. Presenta una veta marcada, un tono intenso y su brillante pulido da lugar a numerosos y espectaculares contrastes de luces.*

PÁGINAS 2 y 3 *El tono crema predominante en este parqué pintado es interrumpido por el llamativo contraste de las bandas oscuras; ocurre lo mismo entre las grandes superficies claras de los muebles y sus elementos lineares oscuros.*

PÁGINA 5 *Estas baldosas encáusticas modernas proporcionan un contrapunto a la sobriedad de las baldosas lisas circundantes y pueden utilizarse como incrustaciones o para formar cenefas.*

*Charles y Sadie:
gracias*

Diseño de cubierta: Víctor Viano

Título original: *Floors*
Traducción: Sara Blanquer
Texto © Alan Berman, 1997
© Frances Lincoln Limited, 1997
4 Torriano Mews, Torriano Avenue, London NW5 2RZ
© Grupo Editorial Ceac, S.A., 1999
Para la presente versión y edición en lengua castellana
Libros Cúpula es marca registrada por Grupo Editorial Ceac, S.A.
ISBN: 84-329-2378-8
Impreso en Hong Kong
Grupo Editorial Ceac, S.A. Perú, 164 - 08020 Barcelona
Internet: http://www.ceacedit.com

ÍNDICE

EL POTENCIAL DE LOS SUELOS

Desde tiempo inmemorial, las personas hemos convertido el suelo que pisamos en motivo de muchos sueños. En nuestra imaginación, el paraíso está pavimentado en oro, y para recrear esta opulencia se esparcen hierbas ante los reyes, pétalos de rosa ante las novias y, en ocasiones especiales, se desenrollan lujosas alfombras. Pero la magia de los suelos no radica únicamente en su capacidad para sugerir belleza ya que, introduciendo cambios en una superficie y limitándola mediante diferencias en el diseño y la textura, es posible conferir a una determinada zona un significado especial. Los suelos tienen también el poder de aportar, incluso de crear, cierta atmósfera a una estancia ya que hablan directamente a los sentidos. El eco de pasos sobre la piedra, la cálida suavidad de una alfombra, el olor de la madera y el barniz, los matices del color, la luz o el dibujo, todo ello afectará al modo de percibir un determinado espacio interior.

Además de sus características físicas, los diferentes materiales empleados conllevan connotaciones culturales. La lujosa frescura del mármol se asocia con los palacios renacentistas, las simples baldosas en forma de damero transmiten la tranquilidad de los interiores holandeses del siglo XVII, las alfombras orientales, llenas de color, evocan imágenes de tribus nómadas. La sutileza de los tatamis de esterilla extendidos sobre madera en las casas tradicionales japonesas o la llamativa sencillez de las pulidas tablas de madera de estilo Shaker demuestran que vale la pena invertir en el mejor suelo posible. Un suelo bonito, correctamente acabado con materiales de primera calidad, puede ser una reliquia y es quizá todo lo que una habitación puede necesitar. En nuestra época, donde se presta más atención a la funcionalidad y a la durabilidad, el mágico potencial de los suelos ha sido ignorado hasta hace poco tiempo.

Sin embargo, no hay ninguna razón por la cual alguien no sea capaz de crear suelos bonitos y prácticos para su hogar. Instalar un suelo o restaurarlo son palabras mayores, y es improbable que tome semejante decisión. Por ello, es importante tener muy claros los objetivos y las necesidades desde el comienzo, y estimular la imaginación observando el mayor número posible de suelos. Procure no ser un esclavo de las modas y copie únicamente aquello que vea que realmente funciona. Quizás el suelo, más que ningún otro elemento, será lo que imprimirá un determinado estilo y atmósfera a su hogar. Llenos de color o apagados, macizos o blandos, los suelos son una parte esencial del diseño de interiores y, desde los más prácticos a los más lujosos, expresan tanto su personalidad como la esencia de la habitación en la que están, desde lo más pragmático a lo más lujoso.

Este libro pretende revisar la magia y las posibilidades de los suelos, presentar los muchos elementos que intervienen en su diseño y cómo se manejan, así como explorar el abanico de materiales disponibles, sus características, origen y usos tradicionales, y los principios de instalación y mantenimiento. También se abordan aspectos prácticos como la relación del suelo con otros elementos del edificio tales como la conservación del calor y el aislamiento del ruido y la humedad. Saber apreciar las riquezas infinitas de los suelos y entender los materiales y las técnicas utilizadas le ayudará no sólo a disfrutar de los suelos, sino también a transformar la superficie bajo sus pies en algo placentero.

La elección del suelo

La elección del suelo debe adecuarse al espacio, a su uso y a sus cualidades, pues no hay que olvidar que deberá dar acomodo a futuros cambios de los elementos decorativos externos. Las habitaciones que crecen y se desarrollan orgánicamente con las variaciones en los gustos, el tamaño de la familia o los usos siempre serán las más confortables, atractivas y personales. La selección de suelos para las diferentes partes de la casa presentará numerosas consideraciones prácticas a tener en cuenta. ¿Cuál será el uso de la habitación? ¿Es un suelo fácil de limpiar? ¿Será resistente? ¿Encajará en la estructura y en la decoración existente? Muchas de sus exigencias serán contradictorias entre sí, por lo que le será útil redactar una lista de prioridades y tenerla a mano cuando se encuentre ante los seductores muestrarios de las tiendas. Las baldosas blancas pueden adecuarse al estilo que busca, pero deberá lavar las manchas inmediatamente para mantener su aspecto original. El ladrillo, tosco y rústico, es bello a la vista pero no es adecuado si hay niños que juegan en el suelo. Piense en la habitación bajo todos sus aspectos y en la utilidad que piensa darle. El acierto en la elección no debería ser fruto de una solución intermedia sino que la elección final debería ser satisfactoria tanto estética como funcionalmente.

La localización y la naturaleza del suelo ya existente determinarán las opciones de que dispone. Si tiene un suelo de hormigón a nivel de superficie, puede elegir libremente desde materiales pesados como la piedra hasta alfombras, o incluso puede pintarlo. Para un dormitorio, probablemente buscará suavidad, y qué mejor solución que una moqueta, vinilo acolchado o combinar alfombras con madera. Si el suelo original está hecho en madera, habrá sido construido sobre listones o viguetas recubiertos con tablas de madera o *tablex*. Deberá lijarlo o pintarlo, o bien cubrirlo con un revestimiento fino o una alfombra. Es posible colocar piedra o baldosas pesadas sobre la madera, pero deberá asegurarse de que la estructura sea lo suficientemente resistente como para soportar el peso.

En plantas bajas es esencial que la base sea completamente impermeable, un suelo con humedades puede arruinar los materiales más costosos y provocar otros deterioros en la estructura.

Los suelos de baños y cocinas son muy exigentes pues deben combinar confort e impermeabilidad, así como ser aptos para pisar con los pies descalzos o aceptar manchas de grasa. Algunos materiales pueden ser descartados desde el principio. Así, la madera blanda se deteriorará rápido y es mejor prescindir de ella. Pero existen más posibilidades de las que imagina. Por ejemplo, en cocinas grandes solamente el área junto al fregadero debe ser resistente al agua, en cuyo caso una estrecha franja de baldosas será una buena solución, mientras que el resto puede recubrirse con madera o alfombras.

PÁGINA ANTERIOR *Las losas de piedra caliza de esta galería reflejan la luz que penetra por el techo acristalado y sirven para enfatizar su situación a medio camino entre el interior y el exterior.*

ARRIBA *Estas viejas tablas de madera de pino se han dejado sin restaurar y muestran las grietas, bordes desgastados y agujeros de los clavos acumulados a lo largo del tiempo; todo ello, junto con la longitud de las tablas, proporciona carácter al suelo. A pesar de que son oscuras, su textura refleja gran cantidad de luz en la habitación.*

ARRIBA *El suelo de los pasillos es extremadamente importante. El aspecto tradicional de este interior queda resaltado por la alfombra continua de coco que absorbe el ruido pero a la vez deja a la vista una buena parte de las hermosas tablas de madera.*

PÁGINA SIGUIENTE *Esta escalera recuerda más a una escultura que a cualquier otra cosa. El color miel del mármol parece descender por entre las paredes. Las luces incrustadas dentro de los propios escalones no sólo no alteran la cualidad escultural de la superficie sino que aumentan la seguridad de la escalera considerablemente.*

Calidez y sonido

La temperatura de un suelo depende de las propiedades aislantes del material y su capacidad para conducir el calor. Los buenos aislantes naturales como el corcho o la lana resultan cálidos y mantienen el calor natural de los pies, mientras que la piedra, la cerámica o el mosaico enfrían. La madera es también cálida pero, al igual que otros materiales de poco grosor, si se trata sólo de un fino revestimiento, su calidez variará en función de la base subyacente. La temperatura dependerá también de la orientación de la estancia. Los suelos funcionan como un almacén de calor y, cuando están expuestos a largas horas de sol, absorben calor durante el día y lo mantienen por la noche. Los suelos macizos de piedra, baldosa o mosaico ayudan en este proceso, mientras que la presencia de una alfombra lo inhibe.

La transmisión del sonido es una cuestión relevante. El sonido rebota en superficies duras y planas, pero los acabados blandos lo absorben; por ello un suelo duro en una habitación escasamente amueblada producirá eco. Esto puede contrarrestarse con muebles blandos o bien colocando alfombras. Si le gusta tener pocos muebles o de superficies duras y quiere evitar la sensación de eco, plantéese la posibilidad de colocar alfombras. La transmisión de ruidos de unas habitaciones a otras es una cuestión más problemática. En los dormitorios, donde no se genera mucho ruido, las alfombras son la mejor solución. Pero en zonas de mayor actividad como cocinas, cuartos de juegos o baños, el ruido puede molestar a las habitaciones del piso inferior; si no quiere alfombras, considere en estos casos la elección de superficies como el corcho o, todavía mejor, el vinilo acolchado. El ruido es de particular importancia en apartamentos. En este caso, si se ha decidido por un acabado duro como la baldosa, puede colocarlo sobre un «suelo flotante», en el que hay una capa absorbente que separa la superficie de la base (véanse págs. 173-174).

Durabilidad y desgaste

La durabilidad no depende sólo del uso sino también de lo susceptible que sea un suelo a deteriorarse o desgastarse con el paso del tiempo. Algunos suelos, como los de piedra, lucen igual a pesar del desgaste, mientras que las alfombras se deterioran. El aspecto que presente a largo plazo un material como la madera dependerá a menudo de la calidad del acabado y de un mantenimiento cuidadoso. En el momento de elegir un suelo, deberá también tener en cuenta sus planes a medio o largo plazo. Por ejemplo, si cree que posiblemente en un futuro hará obras o se mudará, plantéese comprar alfombras que pueda llevarse consigo y colocarlas sobre un suelo pintado.

El uso se define normalmente como intenso, medio o leve, y los fabricantes clasifican los materiales de acuerdo con ello. Las áreas de uso intenso incluyen lugares de paso, escaleras y cocinas. El uso medio comprende las zonas donde se hace más vida y también los baños, mientras que el uso leve se reserva a los dormitorios. La mayoría de los materiales que se utilizan para recubrir un suelo son adecuados para todas las estancias de la casa, siempre que tengan la protección y el acabado adecuado. Sin embargo, las alfombras y moquetas se clasifican en función de los diferentes usos, intenso, medio y leve.

Limpieza y mantenimiento

Algunas zonas de la casa serán especialmente propensas a ensuciarse, como los recibidores, salas de estar o galerías. En este punto deberá adoptar alguno de estos dos enfoques: elegir un tipo de suelo que disimule la suciedad o bien aceptar la necesidad de una limpieza regular. Además, recuerde que los suelos de las salas de estar que tienen puertas al jardín requerirán una atención especial y puede que impongan la estrategia general. Por ejemplo, las alfombras pueden enrollarse cuando haya niños correteando alrededor, mientras que la moqueta puede necesitar ser protegida con alfombrillas. Lo ideal es acostumbrarse a quitarse los zapatos en la puerta, lo cual supondrá una protección para sus suelos y simplificará considerablemente la limpieza.

Si puede permitirse una limpieza constante, también tendrá libertad para desentenderse del mantenimiento y podrá elegir el color o acabado que desee, como blancos y cremas para toda la casa. Pero en circunstancias normales, deberá tomar en consideración la frecuencia y el esmero que pueda dedicar a tales tareas. Sea realista. Ningún suelo, por bonito que sea, podrá disfrutarse si cada noche se ve obligado a arrodillarse y frotar las marcas de barro. Muchas selladoras protectoras y pulimentos de larga duración hacen posible un programa razonable de limpieza de una o dos veces a la semana para la mayoría de suelos. Pero son las manchas y la suciedad las que deben tenerse más en cuenta, especialmente en las cocinas.

Seguridad

Los suelos son un factor determinante para evitar caídas y requieren una consideración especial a la hora de informar a los usuarios y dar unas normas de uso. No hay nada como un suelo que no resbale; la mayoría de productos dice ser «antideslizante». De todos es conocida la regla que afirma que cuanto más lisa y pulida sea una superficie, más resbaladiza será, mientras que superficies más rugosas producen mayor fricción y oponen más resistencia al deslizamiento. Sin embargo, si el pie está separado de la superficie por una capa de líquido o grasa, ningún suelo evitará el deslizamiento. Un sistema muy seguro es instalar superficies lo suficientemente rugosas para asegurarse de que alguna zona de las protuberancias sobresalga de la película de líquido, de forma que el suelo esté siempre en contacto con el pie. Un ejemplo extremo de esta solución es el tipo de baldosas con marcadas rugosidades que se instala alrededor de las piscinas.

Los cambios de nivel o las superficies irregulares son también peligrosos, en especial para las visitas que no estén familiarizadas con el espacio. Normalmente, no miramos dónde pisamos porque suponemos que el suelo que hay delante es igual que el que dejamos atrás, de aquí el peligro de una inesperada alfombra gruesa, sobre todo si no está perfectamente plana.

Asegúrese de que cualquier irregularidad o desnivel queda bien a la vista alterando el acabado o el color del suelo y proporcionándole una buena iluminación. Ésta es particularmente importante para personas mayores, que probablemente tengan problemas de vista y se sientan inseguras al andar.

DIBUJOS, DISEÑOS Y COLORES

En el momento de tomar decisiones prácticas sobre el suelo, considere también su aspecto estético como parte integrante del proyecto decorativo. Quizá desee que una habitación resulte luminosa, alegre y bulliciosa, o bien apacible, íntima y serena. Las opciones son infinitas, pero es importante desde el principio tener claro el concepto del diseño, el cual deberá tener en cuenta tanto su gusto personal como la esencia de la propia habitación. Tendrá que decidir entre intentar corregir la sensación de estrechez en una habitación alargada, regularizar un espacio asimétrico o conseguir que una habitación grande y fría sea acogedora. Además, tendrá que haber planificado la disposición del mobiliario de tal modo que el suelo contribuya a realzarla.

Nuestras soluciones respecto a formas, colores y diseños vienen determinadas por unas reglas claras, cuya comprensión le permitirá trazar la estrategia del diseño y hacerla posteriormente realidad. Los principales ingredientes visuales a su disposición son las líneas y el dibujo; la dirección y el tamaño de algunos elementos; la textura de la superficie, la luz y el color. La destreza radica en combinar estos elementos de manera que el ojo los lea en el suelo y se creen las sensaciones que usted busca.

Igual que la vista es atraída por zonas de mayor densidad visual o hacia interrupciones en el campo general de visión, también es posible orientar la atención hacia determinadas direcciones disponiendo sobre el suelo líneas y dibujos de maneras diferentes. Para hacer que un pasillo parezca más corto, por ejemplo, puede poner franjas horizontales de color, disponer las juntas de un material liso en diagonal o combinar colores que contrasten. Por el contrario, las bandas y cenefas longitudinales aumentan la sensación de perspectiva y alargan los espacios.

En zonas de paso, como recibidores y salas de estar abiertas, puede hacer que la mirada se dirija de un punto a otro. Los arquitectos Edwin Lutyens y Frank Lloyd Wright fueron extraordinariamente habilidosos manipulando la percepción visual de esta manera, marcando cambios de dirección con grandes losas circulares de piedra, baldosas radiales o creando diseños circulares con alfombras.

Este excepcional suelo del siglo XIV del Palacio papal de Aviñón podría ser fuente de inspiración para diseñadores modernos. La limitada gama de colores en tonos tierra y los sencillos motivos decorativos de las baldosas ganan profundidad mediante la gruesa capa de barniz de plomo transparente.

La mayoría de diseños están formados por cuadrados y rectángulos simples y regulares. Estos diagramas muestran la gran variedad de combinaciones que se pueden conseguir usando estos elementos básicos. En esta página, aparecen piezas del mismo tamaño colocadas de forma regular, en diagonal o en espiga, mientras que los diagramas de la página siguiente muestran tan sólo unos pocos de los complejos diseños que pueden crearse utilizando distintos tamaños de una misma forma, combinando rectángulos y cuadrados, cambiando

la dirección de las piezas, o bien tomando dos formas y variando el color, como en el diseño de los bloques tumbados. Aunque las formas individualmente son sencillas, las combinaciones son casi infinitas y cada una presenta un efecto visual distinto. Añada a esta variedad de diseños diferentes, texturas o colores y las posibilidades serán infinitas. Pueden lograrse variaciones similares utilizando piezas sencillas y combinándolas con otras formas como, por ejemplo, hexágonos con triángulos u octógonos con cuadrados.

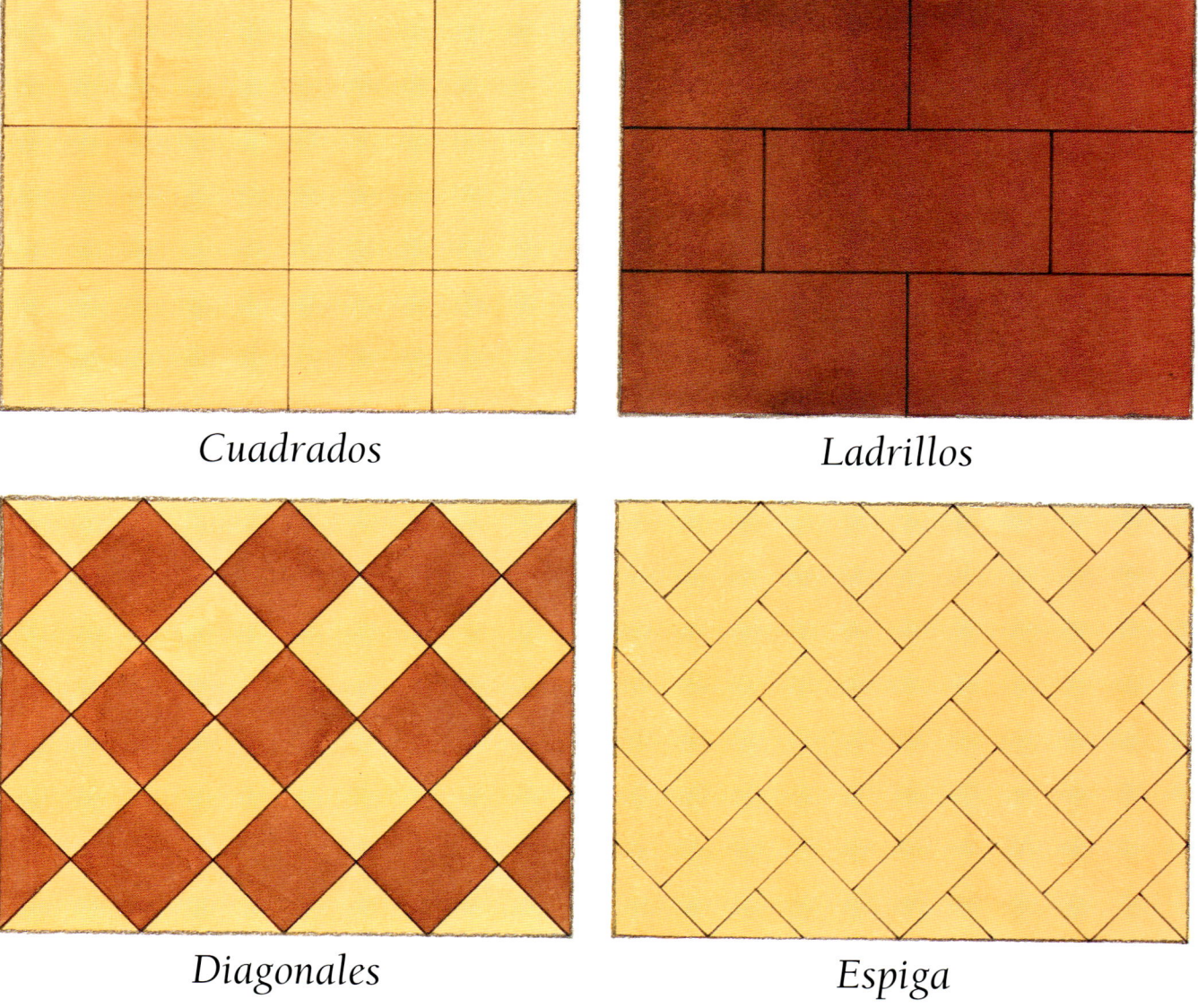

Cuadrados

Ladrillos

Diagonales

Espiga

Cuadrados y rectángulos

Cuadrados insertados

Ejes invertidos

Cestería

Cuadrados grandes y pequeños

Bloques tumbados

PÁGINA SIGUIENTE *Este llamativo diseño en blanco y azul formando un gran motivo griego se ve complementado por la sutil variedad de colores y vetas de la piedra, creando de este modo una inconfundible sensación de frialdad.*

ARRIBA *Este diseño de líneas diagonales divide el suelo en grandes espacios claros y oscuros, reduciendo así la sensación de longitud que transmite. Las juntas quedan visibles en la superficie para delimitar claramente las zonas de color y sugerir los puntos de encuentro de los bloques de piedra. Este suelo muestra la intemporalidad de aquellos diseños geométricos vigorosos dentro de un entorno clásico.*

Nuestro sentido innato del equilibrio y nuestra conciencia de lo horizontal y lo vertical supone que un mismo diseño de un suelo tenga cualidades diferentes según la relación que mantenga con las paredes. El ejemplo más claro de esto se observa en losas o baldosas cuadradas; si están dispuestas en diagonal, producen una mayor sensación de vitalidad y movimiento que cuando están en ángulo recto alineadas con la pared. De igual forma, podemos imprimir regularidad o irregularidad utilizando formas simétricas o asimétricas. Los diseños ondulados, radiales y, en particular, aquellos en forma de rueda catalina, proporcionan movimiento y dinamismo. Determinadas composiciones llamativas se crean superponiendo un diseño asimétrico a otro equilibrado o en parrilla, creando así un contraste.

Para proporcionar una determinada personalidad a una habitación, puede usar diseños o motivos basados en objetos reconocibles. Si utiliza intrincados diseños florales, conseguirá una atmósfera frondosa y orgánica, mientras que motivos florales más simples o incluso algunas figuras permiten crear un ambiente lleno de frescura. El uso de animales estilizados u objetos cotidianos sugieren la inocencia *naïf* del arte popular.

Cuando escoja suelos con dibujos, tenga presente que nuestro cerebro absorbe cantidades considerables de información «mientras lee», por tanto, cualquier motivo usado repetidamente será interpretado como una textura visual general. Esta manera de funcionar del cerebro explica por qué algunos dibujos parecen tridimensionales. En un diseño tradicional como el de cestería, una sencilla composición de rectángulos entrelazados, unos enteros y otros cortados, da la sensación de que los que quedan cortados continúan por debajo de los enteros, y es nuestro cerebro quien completa la información. Y a la inversa, un único motivo usado aquí y allá aumentará el énfasis o, por el contrario, provocará distracción. Por lo tanto, es importante conseguir el equilibrio correcto entre llamativos elementos individuales y motivos repetitivos, de manera que el dibujo no sea ni aburrido ni perturbador.

Cuando diseñe la composición del suelo, recuerde que no lo contemplará de manera estática, sino mientras se mueve sobre él, y el efecto de tal movimiento debe ser tenido en cuenta. Algunas partes del dibujo se verán desde cierta distancia y, por tanto, con un ángulo cerrado, mientras que aquellas zonas justo bajo sus pies se verán casi planas. En espacios grandes, la variación del ángulo reduce la apariencia del tamaño del dibujo, por lo que piezas como baldosas parecen encogerse con la distancia, efecto que puede ser explotado para alterar la percepción del espacio.

Color

El color del suelo es uno de los factores más importantes a la hora de conferir una determinada personalidad a una habitación. Las soluciones con el color son siempre subjetivas, pero hay determinados colores a los que se les reconocen propiedades comúnmente aceptadas y que son especialmente relevantes en la elección de suelos. Hay colores que excitan y otros que relajan, los hay fríos o cálidos, y los hay que alteran nuestra percepción del espacio y de las dimensiones.

El color que produce mayor sensación de sosiego a la vista es el gris medio, que se obtiene mezclando cualquier par de colores complementarios de lados

ARRIBA *Círculo cromático.*

ABAJO *Utilizando una paleta de colores limitada, pero alternando su disposición, puede conseguirse un efecto moderno.* MÁS ABAJO *Un efecto más sosegado pero también muy interesante puede lograrse empleando únicamente diferentes tonos del mismo color.*

opuestos del círculo cromático (véase pág. siguiente), ya sea verde y rojo, amarillo y violeta, o naranja y azul. En cambio, los colores primarios sin diluir crearán el efecto contrario. Esto explica por qué a menudo se elige el gris cuando en lugares de trabajo se necesita un suelo neutro e inexpresivo. Pero recuerde que de un mismo color puede haber tonos más cálidos o más fríos, especialmente en los grises.

Es posible utilizar ciertas combinaciones de color para excitar y llamar la atención sin que ello suponga necesariamente crear un efecto estridente o chocante. Esto es incluso cierto cuando se trata de tonos fuertes y brillantes, siempre que éstos sean complementarios. Cuando los contrastes de color son más intensos el efecto suele ser vigoroso, optimista, brillante y llamativo, como se observa en los colores alegres y vistosos siempre presentes en el arte popular. La belleza o familiaridad asociadas a ciertos diseños o colores intensos pueden utilizarse para dar vida a interiores lúgubres o aburridos.

Es posible que la clave que más frecuentemente explique la elección de un color sea la «temperatura». Se han hecho experimentos que demuestran que las personas podemos percibir diferencias de temperatura de hasta siete grados entre colores conocidos como cálidos o colores fríos, pese a la temperatura real de la habitación, y que los colores cálidos generan un estado de excitación mientras que los fríos provocan una sensación de reposo. Grosso modo, puede decirse que la temperatura de los colores se corresponde con esta escala: los más cálidos son el amarillo, amarillo anaranjado, naranja, rojo anaranjado, rojo y violeta rojizo; mientras que el verde amarillento, verde, verde azulado, violeta azulado y violeta son colores fríos.

Los colores pueden expresar muchos otros sentimientos o contrastes: sol o sombra, tierra o aire, proximidad o distancia. Los tonos azulados dan idea de retroceso, mientras que los rojos parecen avanzar, y estos efectos pueden utilizarse para jugar con la sensación de distancia en un suelo. Dos colores cualquiera separados por negro parecen más penetrantes, brillantes y luminosos que aquellos separados por blanco, aspecto importante a la hora de escoger el color de las cenefas o de las juntas Un diseño muy llamativo puede rebajarse utilizando colores afines, mientras que un diseño equilibrado puede dinamizarse utilizando colores que contrasten. El color está también relacionado con la idea de atmósfera: los rojos tierra, los marrones terracota o los azules pizarra crearán un ambiente hogareño e informal, mientras que un mármol pálido o la piedra caliza proporcionarán al conjunto mayor formalidad.

En muchos casos, la elección del color vendrá determinada no sólo por el diseño y las cualidades del espacio, sino también por el material que mejor encaja con las necesidades de la habitación. En casas de campo, la piedra del lugar, disponible en un solo color, puede ser idónea para la cocina, mientras que en un apartamento en la ciudad, donde se precisa un suelo blando por razones acústicas, podrá escoger entre una amplia gama de alfombras. Si prefiere materiales naturales, el color y la textura serán conceptos inseparables.

PÁGINA SIGUIENTE *El diseñador ha roto aquí con todo convencionalismo para realizar un suelo tan especial que resulta inclasificable. Para ello ha dispuesto de una forma un tanto anárquica frías baldosas esmaltadas sobre un suelo liso de cálidas baldosas rosas. Este diseño atrae la mirada y ensancha el espacio al unir los dos accesos.*

Proporciones

Cuando piense acerca de los materiales con los que desea revestir un suelo, tenga en cuenta la relación que hay entre el tamaño individual de cada pieza y las dimensiones del lugar, pues ello puede afectar al aspecto general de la habitación. Por ejemplo, un gran recibidor puede parecer distinguido y majestuoso si se realiza con grandes losas de piedra, pero será menos monumental y más doméstico si se lleva a cabo con materiales de menor tamaño, como baldosas encáusticas. Recuerde esto cuando elija los materiales en una tienda o en un muestrario y, siempre que sea posible, intente obtener algunas piezas del material para poder valorar su tamaño en relación con el de la habitación así como el efecto del color. Estas consideraciones son igualmente válidas por lo que respecta al dibujo. En una habitación grande, donde usted está a cierta distancia de algunas zonas de suelo, no distinguirá con nitidez dibujos menudos o repeticiones y le parecerá una superficie uniforme. Los motivos individuales para poder ser leídos tendrán que ser más grandes. Por el contrario, en una habitación pequeña, los motivos o dibujos diminutos serán legibles con claridad.

Cenefas

Unas cenefas definidas en un suelo pueden atraer la mirada hacia diferentes partes de la habitación y enfatizar determinadas zonas. Es posible que, por ejemplo, desee disimular una estancia ligeramente asimétrica con una cenefa simétrica, o atraer la atención hacia la zona central rodeándola con una cenefa que contraste. Pero recuerde que una cenefa gruesa o varias concéntricas reducen ópticamente el espacio.

Cualquier marco realza la superficie que queda en el interior de éste, siempre que exista suficiente diferencia entre las dos zonas, pero sepa que si pone una cenefa recargada alrededor de un espacio ya de por sí recargado, lo único que conseguirá será confundir a la vista. Se puede crear un suelo más discreto y sutil instalando en la zona central de la pieza baldosas o piedras dispuestas en ángulo recto con las paredes y rodeadas por una cenefa del mismo material pero colocado en diagonal.

Las cenefas le permiten también introducir elementos de color y dibujos que no serían apropiados dentro del conjunto de un diseño. Por ejemplo, en un suelo de baldosas rectangulares lisas, la cenefa podría lucir un diseño de motivos griegos o curvilíneos, como flores o volutas. La calidad gráfica de la escritura puede utilizarse con efectividad para diseñar cenefas que incluyan texto o fechas, como en el arte islámico tradicional.

IZQUIERDA *Estos dos suelos de cuadros blancos y negros muestran el efecto logrado por elementos de distinto tamaño; los cuadros pequeños provocan una mayor sensación de perspectiva porque parecen alejarse mucho más que los grandes.*

PÁGINA SIGUIENTE *La marcada cenefa trazada junto al borde de este suelo de parqué ayuda a cohesionar un espacio en el que las paredes presentan gran cantidad de elementos distintos.*

Textura y calidez

PÁGINA OPUESTA *La austeridad y sobriedad de esta habitación se transforma en grandeza y calidez mediante el contraste entre las tablas de madera y la suavidad de estas alfombras antiguas, en primer término un* kilim *y detrás una alfombra de nudos.*

La textura de un suelo es apreciada por la vista y el tacto, y repercute en la forma en que lo percibimos. Tendemos a fijarnos en aquello que destaca, por eso, los productos manufacturados, regulares y perfectamente acabados destacan menos que los materiales naturales, de colores y texturas más irregulares. Esto explica por qué aquellas superficies desgastadas a menudo son más atractivas que otras nuevas, y es ésta también la razón por la cual las pequeñas irregularidades en los bordes de la piedra y de las baldosas cortadas a mano son más atractivas que los materiales fabricados en serie.

El tacto es importante en un suelo porque los pies son muy sensibles a los cambios de textura. Húndase en una gruesa alfombra y sentirá una sensación de lujo y de calor físico. Por el contrario, si roza un empedrado sabrá lo que es un acabado áspero y tosco. Por su parte, el mármol pulido o las baldosas esmaltadas sugerirán orden, limpieza y sofisticación.

La sensación de calor o frío que nos transmiten los distintos materiales no es sólo una cuestión de tacto. El conocimiento previo del tacto de un determinado material influirá en nuestra percepción visual. Así, decimos que la piedra, el mosaico o el vidrio tienen un aspecto frío, no porque notemos realmente el frío, sino porque sabemos por experiencia que lo son. El mosaico en concreto no es solamente frío por su tacto, sino también porque se asocia con determinados tipos de interiores de piedra y por su aspecto brillante, parecido al reflejo del agua. En general, cuanto más pulido esté el material, mayor será la sensación de frialdad. De este modo, la pizarra o el granito una vez pulidos parecen menos cálidos y las baldosas esmaltadas son más frías que las rugosas.

Luz

El suelo, al ser la superficie más grande de una habitación, juega un papel fundamental en el reflejo de la luz, lo cual afectará al color y a la atmósfera general. En el hemisferio norte, la luz que viene de este punto es más suave y fría que la que proviene del Sur, mientras que en el hemisferio sur sucede lo contrario. Por tanto, en una habitación que no esté orientada al sol del mediodía deberá evitar materiales como la pizarra azul, que tiene un aspecto frío, y utilizar en su lugar otros de tonos más cálidos, como la terracota, la madera o el corcho. Si desea suavizar una habitación, seleccione colores claros (piedra caliza clara, mármol blanco o crema, cerámica o alfombras de tonos suaves, o maderas claras). Aunque, si el suelo es demasiado claro y refleja un sol deslumbrante será muy incómodo. Las habitaciones muy soleadas se beneficiarán con azules, verdes o grises en el suelo.

La luz también influye en nuestra percepción de la textura. Una luz baja y lateral destacará las irregularidades de la superficie, mientras que en los suelos sombríos o iluminados desde arriba éstas se disimularán. Por ello, cuando decida la textura del acabado deberá tener en cuenta la situación y el tamaño de las ventanas. Las habitaciones orientadas hacia el Este o el Oeste, donde la luz entra con un ángulo más bajo, las texturas pronunciadas son menos necesarias.

ARRIBA *En este baño de marcado aire clásico, un suelo de madera normal hubiese quedado demasiado oscuro y tradicional, por esta razón el diseñador ha optado por pintar las tablas con un color claro para proporcionar luz e iluminar todo el espacio.*

Idoneidad

Una vez valoradas todas las consideraciones prácticas y estéticas, tendrá que abordar la compleja cuestión de qué idea transmitirá el suelo elegido. También deberá preguntarse si éste es apropiado para el tipo de construcción o para el lugar de la casa en que va a ser colocado, si encaja con el contexto físico y cultural del edificio y con su estilo de vida. Si es así, el suelo quedará natural y será el «correcto» para usted, para su familia y sus amigos. Si no, resultará incómodo, independientemente de lo maravilloso que sea el material utilizado.

Hoy día resulta igual de fácil conseguir mármol italiano en América o terracota francesa en Inglaterra, que encontrar piedra de una cantera de los alrededores. Pero, si bien estas facilidades pueden suponer una ventaja, también pueden convertirse en una trampa. Las tiendas de revestimientos y los catálogos, con su variedad de materiales y colores de todas partes del mundo, pueden ser peligrosamente seductores. Cuando piense en un material concreto, conviene empezar a mirar ejemplos de cómo ha sido utilizado en el periodo arquitectónico al que pertenezca. Los suelos que superan la prueba del tiempo, ya sean antiguos o modernos, son aquellos que han sabido adaptarse a todos los elementos de su contexto. Por muy tentador que le resulte un material exótico o poco corriente, piense primero si es adecuado para el lugar. En una casa de campo, losas en la cocina y tableros de madera procedente de la región para las habitaciones será mucho más apropiado que mármol extranjero o maderas exóticas. Por el contrario, un apartamento en un sofisticado edificio urbano al que se accede por un elegante ascensor se prestará a materiales más inusuales, mientras que un suelo rústico quedará fuera de lugar.

Los materiales están estrechamente asociados con los lugares de los que proceden y esa relación es importante a la hora de elegirlos. No es más sensato encontrar pizarra de las montañas de Gales en Italia que encontrar baldosas de terracota provenzales en un apartamento en Nueva York. Un suelo de guijarros de mar blancos en una casa de la costa es totalmente apropiado, mientras que quedaría raro y ostentoso en regiones montañosas, lejos del mar y donde abunda la pizarra. Excepcionalmente, un uso «descontextualizado» de materiales puede funcionar, pero por regla general el uso de materiales sin relación con el entorno puede estar tan fuera de lugar como acudir a un banquete con bermudas.

Suelos extravagantes, sorprendentes y aparentemente poco apropiados pueden ser divertidos para animar baños y recibidores, pero en comedores es improbable que sean satisfactorios a largo plazo. Por mucha imaginación que tenga o por muchos conocimientos que posea, recuerde que los suelos complicados, fuertes y osados por sí mismos no ofrecen ventaja alguna. En cambio, un suelo liso proporcionará un ambiente relajado y le ofrecerá más flexibilidad a la hora de cambiar otros elementos de la habitación, los cuales probablemente variará más a menudo que el suelo.

El uso de materiales locales que ofrezcan una sensación de autenticidad y comodidad no significa obligatoriamente que tenga que sentirse esclavo de la historia. Pero el suelo, al ser un elemento más de la estructura del edificio, deberá estar en consonancia con el estilo arquitectónico de éste. No necesita copiarlo, pero sea tan sensible a la interacción entre el suelo y la arquitectura del edificio como lo será con respecto al interior.

ARRIBA Y PÁGINA ANTERIOR *Estos dos espacios tan diferentes demuestran la importancia de un suelo apropiado. En el interior clásico de la página anterior las baldosas de piedra cuidadosamente cortadas y dispuestas simétricamente en diagonal encajan con la simetría del mobiliario. Las grandes e informales losas en el interior de una casa de campo, arriba, pese a ser nuevas ofrecen un aire rural poco sofisticado en concordancia con las gruesas paredes y estanterías.*

Ambientes tranquilos y reposados

En nuestra vida diaria nos vemos continuamente bombardeados por mensajes y estímulos visuales, de manera que a la hora de crear un hogar tiene sentido decantarse por interiores tranquilos y reposados. Puede que tenga buenas razones para querer un efecto intenso y recargado, pero en este caso sugiero que lo limite a uno o dos lugares; puesto que el suelo, al formar el trasfondo visual de la decoración y del mobiliario, es preferible que sea simple.

El grado de calma y reposo depende principalmente del movimiento del ojo. Nuestros ojos sólo pueden concentrarse en una pequeña área en un mismo tiempo, y si se quiere abarcar más tendrán que moverse sin parar en diferentes direcciones. Esto explica por qué los diseños muy recargados o abigarrados producen sensación de desasosiego. El atractivo de las casas japonesas o de las de estilo Shaker americano, con sus tatamis o tablas de madera respectivamente, así como las baldosas blancas de la arquitectura mediterránea son una prueba de cómo la ausencia de elementos de distracción en el suelo ayuda a crear una habitación más apacible e intemporal.

Los contrastes fuertes, ya sean de color, de dibujo o de forma, desasosiegan y fuerzan al cerebro a adoptar un estado de actividad visual constante. Compare, por ejemplo, el efecto visual de un suelo desordenado con otro a base de sencillos cuadrados iguales. Los diseños irregulares o muy recargados producen lo que se podría describir como «ruido visual», mientras que los clásicos, caracterizados por su simetría y equilibrio, son apreciados por su armonía.

Sin embargo, si bien la repetición de elementos simples proporciona tranquilidad, también es cierto que puede hacerse tediosa, sobre todo en espacios grandes. Para introducir cierta diversidad, coloque alfombras o baldosas hechas a mano, que presentan pequeñas variaciones de color, textura o motivos.

Para mantener la sensación de reposo cuando utilice dibujos y motivos, tenga claro desde el principio dónde quiere que recaiga el punto de atención, en un primer o en un segundo plano. Cuando los dos son iguales, la atención pasa continuamente de uno a otro causando desasosiego e intranquilidad. También es importante pensar dónde y cómo se harán las junturas en los materiales. Si no quiere que la junta atraiga la vista o que parezca parte del dibujo, deberá ser lo más discreta y estrecha posible, especialmente en materiales como la pizarra, la piedra, las baldosas o la madera. Hoy en día, un error muy común relacionado con el declive de la artesanía es la tendencia a hacer juntas muy anchas. Fíjese en el suelo victoriano de cerámica más sencillo y comprobará cómo las piezas quedan perfectamente ensambladas.

La simplicidad es en sí misma un fundamento importante en el diseño y transmite confianza y seguridad. Los materiales lisos, de buena calidad y bien colocados proporcionan una satisfacción duradera.

En este edificio reformado de un banco londinense, los cuadrados de linóleo tienen un tamaño en consonancia con las dimensiones del lugar. La ausencia de cenefas permite que el diseño se prolongue por las habitaciones adyacentes, y los colores suaves transmiten serenidad y sencillez.

PIEDRA

Las montañas y los cauces de los ríos ofrecen desde las piedras más modestas hasta las más magníficas. Hacer traer piedras desde lugares lejanos era antiguamente un privilegio de ricos pero, hoy en día, los sistemas de transporte modernos han hecho posible que podamos disponer de piedras procedentes de cualquier parte del mundo. Dondequiera que se ponga, la piedra transmite una sensación de solidez que perdurará en el tiempo.

Las primeras casas tuvieron suelos de tierra batida, pero a medida que las técnicas de construcción fueron sofisticándose ésta se sustituyó por guijarros o por piedra local cortada en piezas cuadradas. Las casas de la aristocracia romana tenían suelos de travertino o mármol. En Inglaterra, los suelos de barro se siguieron utilizando en grandes edificios durante la Alta Edad Media, aunque también hubo suelos de yeso y de guijarros y arena mezclados con barro. Sin embargo, durante la Baja Edad Media y el Renacimiento, las casas importantes fueron pavimentadas con una gran variedad de piedras, incluidas la pizarra, la piedra arenisca y la piedra caliza, mientras que el granito era propio de casas rurales.

En el resto de Europa, se combinaban piedras de múltiples colores para crear suelos con complejos diseños geométricos, tanto en iglesias como en edificios públicos, y a partir del siglo XVI aparecen suelos de mármol incluso en casas relativamente modestas. En el siglo XVII, los espléndidos suelos barrocos del castillo Howard en Yorkshire y el de Chatsworth en Derbyshire reflejan el interés europeo por la ilusión y el *trampantojo*. En Norteamérica, la tradición europea fue copiada únicamente en algunas casas majestuosas del periodo colonial. Un soberbio ejemplo es el Drayton Hall, del siglo XVIII, en Carolina del Sur, donde se emplearon piedra caliza de Portland y granito rojo galés en un diseño clásico de damero.

Antiguamente, la mayoría de los suelos, ya fuesen con dibujos o lisos, se hacían de piedra pulida, pero más recientemente ha aparecido un renovado interés por texturas más rugosas. A principios del siglo XX, los arquitectos Frank Lloyd Wright y Marcel Breuer combinaron aleatoriamente piedra sin pulir con madera y superficies lisas enyesadas, así, la fuerza de la piedra al natural contrastaba con la suavidad a su alrededor. Sus diseños demostraron que no es necesario emular estilos pasados cuando se utilizan materiales tradicionales.

La piedra se clasifica en tres categorías según su origen geológico: sedimentarias (piedras calizas y arenisca), metamórficas (pizarra, mármol y cuarzo) y eruptivas (granito). Cada una tiene sus propias características y proporciona determinadas cualidades al lugar donde es instalada.

El suelo de este recibidor parisino del siglo XVIII, con su diseño clásico en blanco y negro, es simple y sofisticado a la vez. El contorno liso estructura el espacio y da acomodo a los peldaños de piedra de la izquierda y a la entrada de la derecha. La aspereza del mármol blanco y negro reciclado le proporciona un aire de antigüedad, mientras que la simplicidad del mobiliario permite apreciar toda la belleza del suelo.

ABAJO *Esta galería de una casa tradicional de piedra de Cotswold debe su elegancia intemporal a la simple grandeza de las enormes losas de piedra de York, complementadas por la sólida madera del techo y de las ventanas. La calefacción subterránea deja las paredes libres de radiadores.*

Piedra caliza y piedra arenisca

La piedra caliza y la arenisca son piedras sedimentarias formadas por la acumulación y compresión de barro, arcilla, cenizas, fósiles y otros restos. La sedimentación proporciona a ambos tipos de piedra sus capas horizontales tan características, las cuales carecen de buena adherencia. Esto explica por qué las piedras muy antiguas, como por ejemplo la piedra de York, han perdido algunas de estas capas. El desgaste se debe principalmente a los efectos de la climatología a lo largo de los años pero, en piedras más recientemente extraídas y en aquellas que se colocan en interiores, es más difícil que este desgaste tenga lugar. La piedra caliza y la arenisca tienen características muy similares en cuanto a su apariencia, uso y resultado.

En la arenisca, los sedimentos contienen sílice, un compuesto que le confiere su textura tosca y friable y, en algún caso, el brillo. Sin embargo, es la presencia de otros componentes, como hematites y minerales de la arcilla, además de la sílice, lo que explica su gran variedad de colores: desde el blanco amarillento, pasando por diferentes tonos de amarillo, marrón dorado, beige y rojo, hasta el gris azulado.

Hay tres tipos de piedra caliza, de los cuales sólo dos son aptos para suelos. La piedra caliza oolítica, compuesta de capas concéntricas de calcita acumuladas alrededor de conchas y fósiles, los cuales le proporcionan su característico aspecto (la piedra de Portland, en concreto, tiene gran proporción de estos fragmentos); y la piedra caliza cristalina, que se forma al evaporarse el agua del subsuelo y cristalizar en la base del sedimento; el mejor ejemplo de piedra caliza cristalina es el travertino. La piedra caliza orgánica, como el yeso, resulta de la acumulación de restos animales y vegetales, y es demasiado blanda para ser utilizada en el revestimiento de suelos.

Los agujeros naturales de la piedra, especialmente acentuados en el travertino y la piedra de Portland, se producen cuando sustancias blandas de la superficie se desprenden o cuando quedan bolsas de aire durante su formación. Cuando este tipo de piedras se utilizan en exteriores, ya sea en pavimentos o en muros, los agujeros normalmente se dejan tal cual, pero en interiores es preciso rellenarlos. Aunque existen distintas durezas, la mayoría de piedras calizas son adecuadas para suelos. Estas piedras se presentan en una amplia gama de colores, desde tonos crema, beiges lisos o moteados, ocre pálido, gris pálido y verde grisáceo, hasta tonos próximos al negro. Hoy en día, es posible encontrar una gran variedad de tonalidades dentro de un mismo tipo, sobre todo en las más antiguas. Incluso en una misma losa puede encontrarse una enorme variedad de tonos.

Para obtener losas y baldosas, la piedra no se parte sino que se sierra, y la textura la proporciona la cara serrada, cincelada o pulida. La piedra caliza y la arenisca están disponibles en acabados afinados o lijados. El acabado afinado, aunque liso y bastante sedoso, es muy mate, lo cual le proporciona un brillo más sutil al de aquellas piedras muy pulidas al tiempo que realza las bonitas formaciones sedimentarias y los fósiles del material. El acabado serrado, más rugoso, aunque inicialmente sea más irregular que los pulidos, se alisará con el uso. El acabado lijado no es tan sedoso sino que es ligeramente rugoso al tacto, lo cual lo convierte en un material especialmente adecuado para las zonas húmedas de la casa.

Ambos tipos de piedra pueden comprarse en una amplia variedad de baldosas de tamaños estándar, normalmente en cuadrados de 40 cm, en rectángulos de

ABAJO *La suave palidez de la piedra caliza (arriba) contrasta con el marcado aspecto rústico de la terracota de la piedra de York (abajo).*

40 × 60 cm o bien en longitudes aleatorias que suelen oscilar entre los 30 y los 50 cm de ancho, todas con un grosor de 20 mm. Hay losas más grandes, de hasta 1 × 1 m y 30 mm de grosor. Los proveedores europeos son flexibles y entregan rápidamente el producto, por ello es fácil pedirles piedras de cualquier forma o tamaño, y aunque no debería ser necesariamente más caro ya que las losas se cortan en la misma cantera, algunos proveedores añaden un suplemento en las piezas de tamaño no estándar. En un espacio adecuado, como por ejemplo un inmueble antiguo, puede dar muy buen resultado cubrir el suelo con losas de piedra caliza o arenisca, como la piedra de York, bien restauradas. Algunas veces, estas losas provienen de aceras de ciudades que han sido renovadas o de granjas o bodegas, por lo que están gastadas y en general son poco uniformes y gruesas, llegando a los 10 o 12,5 cm.

Las baldosas de piedra, sean nuevas o viejas, pueden colocarse con una capa gruesa o una capa delgada de cemento cola, tal como se explica en la página 176. Siempre es preferible que las junturas estén lo más pegadas posible, a una distancia de no más de 3 mm en baldosas nuevas. En las viejas, el ancho de las juntas variará según la calidad de los bordes. Para evitar que se manchen, es aconsejable aplicar una capa de selladora antes de poner el cemento. Con losas antiguas asegúrese de que la junta no cubra los bordes desgastados, de gran atractivo, sino que quede ligeramente más abajo, de manera que sea la piedra el material más visible. Se puede utilizar alguna de las lechadas específicas, una mezcla de arena y cal con una pequeña cantidad de cemento, o simplemente arena y cemento. Algunos proveedores proporcionan una lechada similar al color de la piedra. Si las losas son de un color oscuro, puede igualar el tono de la lechada con betún. Si la piedra tiene grietas naturales, lo que resultaría poco práctico para interior, el instalador puede rellenarlas arrastrando la lechada por la piedra para luego eliminarla, de manera que el material quede dentro de las grietas.

Cualquier cemento o adhesivo utilizado durante la instalación debe eliminarse antes de que se endurezca. Para quitar una película de cemento, puede utilizar un estropajo de acero. Eliminar cemento seco de piedras usadas es especialmente difícil. Tendrá que retirarlo con un producto adecuado, o incluso picarlo o arrancarlo. Es probable que estas técnicas dañen la piedra pero, en mi opinión, una losa vieja con algún rasguño tiene mejor aspecto que otra con restos de cemento.

Aunque muy duraderas, estas piedras son porosas y es necesario sellarlas contra el polvo y las manchas. Si la piedra caliza no es tratada, los poros se abrirán y en un periodo de uno o dos años, al oxidarse, desarrollará una especie de «piel» protectora. Sin embargo, antes de que se forme esta piel, los poros de la superficie se llenarán de arenilla y suciedad que el suelo absorberá. Por ello, es importante sellar la superficie tan pronto como se instale. El mejor método es aplicar silicona, pues apenas altera el color o la textura y permite que el suelo envejezca de forma natural, siempre que se barra con regularidad y se limpie con un jabón neutro. Este envejecimiento natural no se consigue si el suelo está sellado con productos que contienen resinas, los cuales recubren con una película la superficie de la piedra. Este tipo de productos no se utiliza en zonas húmedas porque convertiría el suelo en resbaladizo. Una de las características más atractivas de las piedras calizas y las areniscas es que maduran y mejoran con el tiempo, y si se cuidan debidamente, su sutil resplandor perdurará.

PÁGINA SIGUIENTE *Las toscas losas de piedra caliza se adaptan perfectamente a las vigas y las paredes rugosas de esta casa francesa, y tienen un tamaño apropiado para el espacio reducido de la habitación. La dirección en que están colocadas las losas dirige la vista hacia el hueco de la cama. Los tonos rosados de la piedra quedan recogidos en el rojo de la tapicería, mientras que las trabajadas líneas de los muebles se ven realzadas por contraste con la tosquedad del suelo y las paredes.*

Estas losas de piedra caliza, nuevas y uniformes, cortadas a máquina y colocadas en forma de cuadrícula, crean un suelo opulento pero no ostentoso para este sereno interior, y realzan la estructura curva y bien definida de la madera oscura del mobiliario. El pálido brillo de la piedra refleja toda la luz que entra por la ventana, de forma que la habitación aparece despejada y aireada.

En esta casa de Cerdeña, la refrescante combinación de escalones de luminosas baldosas de cerámica, el suelo hecho con piedra caliza, la balaustrada de piedra y los arcos crea un interior imponente y relajante a la vez. Lo que a primera vista parece un suelo de piedra multicolor con una distribución anárquica, en realidad es un sutil diseño geométrico de cuadrados y rectángulos.

Pizarra

La pizarra es una roca metamórfica formada hace entre 350 y 500 millones de años, cuando las arcillas y otras rocas estaban sometidas a inmensas presiones naturales en el subsuelo, lo que originó sus característicos planos lineales. Este mecanismo de formación bajo enormes presiones hace de la pizarra un material muy denso y casi tan duradero como el mármol y el granito cuando se usan para revestir suelos. Es inerte, resiste las heladas y los productos químicos, sólo absorbe aceite o derivados y, a menos que sea golpeado con algo afilado, su aspecto difícilmente cambiará con el tiempo.

La pizarra se encuentra en las regiones montañosas más antiguas del mundo. Cada cantera produce pizarra de un único color, composición y dureza. Las de origen europeo tienen una gama de colores que va desde el casi negro, los grises y azules, hasta los púrpuras azulados y verdes grisáceos. Pero se puede adquirir pizarra procedente de África, Brasil y China de colores totalmente diferentes. Muchas de estas variedades son más blandas, aunque la mayoría siguen siendo válidas para suelos, y tienen una extraordinaria variedad de vistosos colores otoñales, como dorados marronosos, rojizos y naranjas, rosas pálidos, e incluso cremas, además de otros tonos similares a los europeos. Es preferible no abusar de esta pizarra de colores cuando se trata de revestir un suelo, pues, si bien algunas baldosas pueden dar un aspecto suntuoso, utilizado en grandes áreas puede resultar excesivo. Por el contrario, pizarras de colores menos variados proporcionan un ambiente más tranquilo.

La pizarra es ideal para tallar y acepta bien diferentes texturas, lo que permite crear con un mismo tipo de pizarra diseños con acabados distintos. Es posible, por ejemplo, colocar texturas toscas en los ribetes, rodeando zonas pulidas de la misma pizarra para crear así un suelo variado y sutilmente interesante.

La pizarra nueva se presenta en cinco acabados distintos: hendido (cortado a mano con grosores irregulares); flameado (cortado a máquina con grosores regulares); lijado, con la superficie lisa pero no pulida, y con un ligero acabado desgastado; afinado, es decir, con una apariencia suave y sedosa pero mate; y pulido, que es más suave y reluciente, aunque el grado de brillo varía según el tratamiento que acepte cada tipo de pizarra. La pizarra hendida es antideslizante en la mayoría de los casos. La pizarra china, africana y brasileña, al ser generalmente más blanda, sólo admite acabados más rugosos.

Algunos de los suelos de pizarra más atractivos están hechos con losas viejas cortadas a mano y desgastadas por el uso, normalmente originarias de antiguas granjas o de las zonas de trabajo de grandes casas de campo. En ocasiones, pueden encontrarse en tamaños de más de 120, 150 y hasta 180 cm por 60 o 90 cm, pero por lo general vienen agrupadas según anchuras similares, normalmente entre 40 y 55 cm, con longitudes que varían entre los 40 y los 75 cm, o a veces los 100 cm. Usualmente, su cara superior es regular pero no totalmente lisa, y pueden tener un grosor de entre 5 y 10 cm. Las losas de pizarra deben colocarse sobre

ARRIBA *Pizarra de Umbría; pizarra africana multicolor; pizarra verde de Pekín.*

PÁGINA ANTERIOR *La textura y el contraste son magníficos en el interior de esta casa de campo, donde la rugosidad de las paredes blancas y la madera vieja contrasta con las grandes losas de pizarra que, aunque cortadas toscamente, presentan un pulido reluciente. El cemento entre las losas y la pared en el borde del escalón forma también parte de la habitación. No son necesarios más adornos, aparte de una o dos piezas de mobiliario igualmente llamativo.*

una capa de arena gruesa y cemento de una profundidad no inferior a 38 mm, y ésta debe descansar sobre una base de hormigón. Es preferible comprar las losas antiguas antes de poner el hormigón para asegurarse de que se ha dejado suficiente profundidad para instalar el suelo. Si tuviese que colocar la base antes de tener la pizarra, deje como mínimo 15 cm para alcanzar el grosor total del suelo y de este modo su elección no se verá limitada. Uno de los encantos de las losas antiguas está en sus irregulares bordes cortados a mano. Aunque la mayoría de piezas pueden colocarse sin cortar, algunas deberán inevitablemente ser ajustadas, y esto es importante comentarlo antes con el instalador.

Las losas nuevas cortadas con máquina tienen el grosor y los bordes regulares, pero ambas características pueden ser alteradas si ése es su deseo. Las losas grandes se pueden pedir en cualquier tamaño pero su grosor estará normalmente entre los 20 o los 30 mm, dependiendo del tamaño. Las losetas nuevas tienen mejor aspecto cuando se colocan según el diseño tradicional longitudinal, es decir, losetas de distinta longitud pero de la misma anchura colocadas en líneas rectas, y es todavía más bonito si el ancho varía en cada hilera.

Las baldosas de pizarra se presentan en diferentes tamaños, aunque las más comunes son los pequeños cuadrados de 20, 30 y 40 cm de lado y con un grosor de entre 9 y 12 mm, mientras que las más grandes oscilan entre los 50 y 60 cm con un grosor de entre 15 y 20 mm; también es posible adquirir «tablas» de distintas longitudes, con una anchura de 15, 20 o 30 cm y 20 mm de grosor. No obstante, recuerde que siempre tiene la opción de hacer cortar las baldosas a su gusto y en función de sus necesidades.

Los métodos para colocar pizarra son los mismos que se han descrito para la piedra caliza (véase pág.176). La pizarra debería sellarse para evitar que absorba manchas de aceite, y esto es esencial en la pizarra blanda más nueva. Normalmente, el proveedor de la pizarra dispondrá de una selladora apropiada. Las hay diluidas en agua o en disolvente; ambas presentan ventajas y desventajas. Las selladoras al agua se mantienen bien por un tiempo, aparte de un ligero oscurecimiento no alteran el acabado, pero se deterioran con la limpieza continuada. Las selladoras con disolvente son más duraderas pero han de aplicarse con cuidado y en una capa fina si no quiere que produzca el efecto del barniz grueso. Para evitar estropear piedras muy caras, es crucial que el acabado se aplique siguiendo estrictamente las instrucciones. Algunos especialistas no aconsejan el uso de productos oleosos, pero yo he sellado un suelo con una mezcla hecha con tres partes de trementina y una de linaza, bien extendida, y quedó muy lucido y no necesitó ser renovado durante años, aunque es necesario decir que este tratamiento sólo es válido para pizarras blandas.

Para limpiar la pizarra es suficiente con pasar un trapo de nailon. Con menos frecuencia, puede aspirar la suciedad dispersa y lavarla con un trapo suave o un cepillo, utilizando un detergente neutro y agua templada. Aclare hasta que elimine el jabón y luego púlala cuando esté seca. Las manchas difíciles pueden eliminarse con un trapo impregnado con un producto ligeramente abrasivo. Para eliminar manchas de grasa o aceite utilice aguarrás, y para manchas de té o café un poco de jabón neutro será suficiente.

Esta cocina es funcional pero decorativa. Su encanto radica en los colores naturales de la pizarra y en las variadas vetas de la madera. El diseño de las losetas cuadradas refleja la rigidez lineal impuesta en toda la habitación.

Mármol

El mármol es una roca metamórfica formada por el calor y las presiones sobre la piedra caliza. Tiene una estructura cristalina muy densa que le proporciona una luminosidad especial cuando ha sido pulido, y con las herramientas adecuadas puede ser cortado con suma precisión.

La variedad de elementos naturales que contiene el mármol da lugar a su extraordinaria gama de colores, y su pesadez se debe a la estratificación y a los pliegues de la roca durante su formación. El mármol se encuentra en muchas regiones montañosas, incluidas aquellas de América del Norte, México, Norte de África y en muchos países europeos, en especial, Italia, Portugal, Grecia y Noruega. El mármol de cada región tiene sus propias características, y a muchos se les designa según el lugar de origen.

La amplísima gama de colores y su fiabilidad a la hora de hacer cortes precisos hacen del mármol un elemento muy versátil para realizar incrustaciones o trabajos con muchos colores, para cubrir zonas lisas con cenefas elaboradas o para crear motivos aislados. Debido a su elevado coste y la habilidad requerida, el trabajo tradicional de incrustación a mano hoy en día ha sido sustituido por una gama de diseños precortados disponibles en establecimientos especializados. Como un suelo decorado con mármol tenderá a resaltar en una habitación, sobre todo si ésta tiene las dimensiones de una casa estándar, quizás el diseño más apropiado para este tipo de espacios sea el tradicional de cuadrados de mármol claro con incrustaciones, ya sean de pizarra o de mármol oscuro.

El mármol es un material excelente para zonas húmedas. Al ser impermeable al agua y muy higiénico, es especialmente adecuado para baños, aunque tiene el inconveniente de ser resbaladizo cuando está mojado. A pesar de su densidad, muchos mármoles son propensos a mancharse y a la corrosión por productos ácidos, lo que los convierte en materiales poco recomendables para cocinas, donde el granito es probablemente la opción más apropiada.

El mármol puede encontrarse en una amplia gama de acabados. Los más habituales son el pulido, con un intenso brillo; el semimate, ligeramente brillante, y los afinados n.° 3 y n.° 4, con un acabado más mate. Como tolera muy bien la máquina, las juntas pueden reducirse al mínimo. Las baldosas son generalmente de 30 × 30 cm, 40 × 40 cm, 30 × 15 cm o 40 × 20 cm, todas con un grosor que oscila entre los 7 y los 10 mm. Sin embargo, como sucede con otras piedras, los grandes proveedores pueden proporcionarle losetas a la medida de su diseño. Recuerde que las losas grandes son difíciles de instalar porque, una vez colocadas en la base humedecida, su propio peso hace que sea difícil moverlas. Como otras piedras, el mármol no requiere mantenimiento. Con agua limpia y una gamuza, eliminará hasta la suciedad más difícil. Ocasionalmente, podría necesitar un lavado con un jabón que no contenga sulfatos.

PÁGINA ANTERIOR *Stephen Sills y James Huniford, propietarios y diseñadores de esta casa de campo en Nueva York, han creado un interior poco usual sirviéndose de adoquines de mármol en vez de losas pulidas. La pálida y tosca piedra refleja la luz en la habitación y contrasta con el ornamentado mobiliario.*

DERECHA *El mármol de color proporciona una sensación agradable, ya sea por sí solo o combinándolo en sofisticados diseños. De arriba abajo: mármol veneciano verde; mármol veneciano rosa; finas tiras de mármol pulido y coloreado incrustado en un suelo liso, para crear una cenefa.*

Granito

El granito es la única roca ígnea utilizada en interiores. Caracterizada por su composición cristalina, se originó cuando la materia rocosa fundida de la tierra se enfrió hace 5.000 millones de años. El granito se obtiene de muchas partes del mundo, siendo las procedencias más conocidas España, Francia, Portugal, Escandinavia, Brasil, Sri Lanka, la India y Sudáfrica. Como la piedra de lugares distintos se ha formado a partir de diferentes componentes, cada una tiene su propio aspecto, variando la textura desde grandes cristales hasta gránulos minúsculos, y el color desde el negro, gris oscuro, gris pálido, grises salpicados de azul, azules y negros verdosos, hasta rojos y rosas. Al ser tan denso, el granito es impermeable a casi todo y extraordinariamente duro, es difícil de trabajar y, debido a su escasez, es un material considerablemente caro.

El granito está disponible en los mismos acabados que el mármol pero, en este caso, los acabados proporcionarán colores y características completamente diferentes. El granito pulido presenta un color más rico y profundo, deja ver su estructura natural y los matices de color de los gránulos cristalinos. Los tamaños más habituales de las baldosas de granito son los cuadrados de 30 × 30 cm o 40 × 40 cm, y los rectángulos de 40 × 60 cm, todos ellos normalmente con un grosor de 10 mm, aunque se pueden conseguir baldosas de hasta 20 mm de grosor, así como una amplia variedad de otras medidas. El granito debe colocarse uniendo las juntas lo máximo posible.

Si lo que busca es el efecto opulento de un suelo de piedra para su cocina, el granito es más adecuado que el mármol porque no se mancha. Pero como el granito pulido es muy resbaladizo cuando se moja o se engrasa, si decide revestir la cocina con este material es preferible escoger una superficie grabada antes que una pulida. Puede combinar granito grabado y pulido para cocinas grandes con *office*, por ejemplo, instalando una zona de granito grabado delante de los electrodomésticos y un granito más liso en la zona destinada a comer. Recuerde que una muestra de granito vista de cerca presenta gran variedad de colores pero, a cierta distancia o en espacios grandes, se apreciará como un color uniforme, muy diferente de algunos mármoles en el que el veteado salta a la vista.

La durabilidad del granito significa que no requiere ninguna selladora y el mantenimiento es extremadamente sencillo. La limpieza es la misma que en el caso del mármol. En las superficies grabadas o afinadas, bastará con frotar con agua limpia o con una solución limpiadora neutra. Absténgase de usar detergentes químicos o disolventes industriales. Elija el acabado que elija para el granito, como con otras piedras, nunca aplique pulimento, pues la película que queda en la superficie con las aplicaciones sucesivas acumula más suciedad que la piedra sin pulimentar.

ARRIBA *El granito y el mármol son ideales para crear diseños geométricos y precisos. En este caso, los granitos rojo y negro parecen una auténtica joya, encajan con la forma afilada del diseño y enfatizan el contraste entre el círculo blanco y el mármol negro del suelo.*

PÁGINA SIGUIENTE *La fuerza y la simplicidad del granito liso del suelo encaja con los prácticos ladrillos de la cocina y los electrodomésticos de acero inoxidable. Como el resto de elementos de este interior, el suelo es sobrio y muy adecuado.*

Terrazo

El terrazo está formado por una mezcla húmeda de cascotes de mármol u otras piedras y una base de cemento o cemento con resinas epoxídicas, al que puede darse forma de baldosas, paneles o escalones, que se colocan secos sobre el suelo. Asimismo, es posible poner la mezcla húmeda directamente sobre un suelo de hormigón, aunque es un trabajo caro y sólo apto para especialistas, por lo que hoy en día raramente se lleva a cabo en interiores domésticos, aunque fue una práctica muy habitual en los edificios de los años treinta. La superficie pulida tiene un efecto moteado de mosaico, que puede ser más intenso si los cascotes son grandes, o más comedido si el punteado es más pequeño. La gama de colores abarca todo el espectro de los mármoles. El cemento de la base también puede colorearse, ya sea para que contraste con los fragmentos de la piedra o para combinar con éstos.

El terrazo es extraordinariamente duradero. Las baldosas vienen pulidas, y no necesitan ningún acabado después de ser instaladas, pero si se colocan húmedas es necesario lijarlas y pulirlas con maquinaria especial. El terrazo húmedo colocado *in situ* precisa juntas de dilatación a intervalos de un metro y debería ser instalado por un profesional.

El terrazo instalado *in situ* ofrece innumerables oportunidades para un diseñador, puesto que cuando está húmedo se le puede dar cualquier forma tridimensional. Tiene unas características algo toscas y enérgicas, pero en algunas construcciones puede realzar el efecto de las curvas y molduras, un tipo de detalles decorativos muy utilizados en los años treinta. En estos casos, la capa de fragmentos de mármol debería ser de 6 mm de profundidad, y el grosor total, no inferior a 25 mm.

Las baldosas de terrazo suelen ser de 10 mm de grosor y en la mayoría de casos tendrá la misma durabilidad que la piedra. La gama de tamaños va desde las estándar de 30 × 30 cm a 40 × 40 cm, 60 × 40 cm o 60 × 60 cm. Los suelos de terrazo son muy pesados y sólo deben colocarse sobre una base de cemento y arena sobre hormigón. Para instalar baldosas de terrazo, siga el método de la capa gruesa descrito en la página 178.

Selección y diseño

Todos los suelos de piedra son prácticos; de fácil mantenimiento, con los años continuarán teniendo buen aspecto o incluso mejorarán, y nunca tendrá que cambiarlos. Excepto en una cocina, la elección de la piedra se hará básicamente por razones estéticas, y aunque hay numerosas cuestiones a tener en cuenta, dos de ellas son de una importancia capital. Escoja una piedra apropiada para el contexto en que se colocará, e intente que el color y el diseño no dominen por completo la atmósfera de la habitación. Asimismo, procure que la piedra esté en armonía con el periodo y el estilo del edificio. El suelo debería o bien formar parte de la historia del edificio, o bien ser un claro pero no comprometedor contra-

En esta hermosa habitación de un hotel de Goa, el diseño de estrellas sobre un fondo azul ofrece una frescura que se agradece en el calor del trópico, ya que la cualidad reflectante del suelo reparte suavemente la luz por todo el interior. Las juntas cobrizas, necesarias para acoplar piezas grandes de terrazo, quedan perfectamente integradas con el resto del diseño, y su brillo se añade al centelleo de las resplandecientes estrellas.

ARRIBA *El más elegante e intrincado de los diseños puede crearse utilizando una martellina sobre piedra caliza. Esta técnica también se puede aplicar sobre hormigón seco. Los cambios en la textura de la superficie ofrecen considerables oportunidades para realizar diseños aunque se trate de un único material.*

punto moderno. Por ejemplo, en las paredes toscas de una habitación antigua puede poner travertino ligeramente pulido en estructuras de metal, de manera que no toque las viejas paredes, y así conseguir un interesante contraste de texturas.

El mármol pulido sugiere opulencia y sofisticación y es quizá ligeramente exótico. El granito es elegante, pero menos exótico que el mármol. Las piedras calizas y areniscas son también elegantes pero no vistosas, discretamente de moda, con su suave calor resplandeciente. Probablemente, la belleza más ruda, sólida y sensible, con un fuerte sentido de arquitectura indígena, la presentan la pizarra y la piedra arenisca así como la piedra de York, especialmente cuando están en forma de grandes losas.

La extensión de la superficie de piedra, tanto si es utilizada para todo el suelo como si se limita a una zona concreta, afectará a nuestra percepción del espacio. Las extensiones grandes de suelo resultan muy atractivas si se utilizan grandes losas. Con ello, se da la impresión de que el suelo es parte original del edificio, especialmente si la piedra se coloca de manera que atraviese las puertas hacia otras habitaciones.

Seleccionar el tamaño correcto de las baldosas o losas es importante. Las baldosas de formas regulares cortadas a máquina proporcionan inconscientemente la sensación de revestimiento insignificante y no estructural, mientras que las losas grandes parecen formar parte de la estructura. Si quiere transmitir un aire más tradicional, las losas son preferibles a las pequeñas baldosas cortadas a máquina, ya que éstas son un producto más reciente. En antiguas propiedades rurales, como fincas, granjas o casas de campo, el suelo, probablemente, estará hecho con losas de piedra local. No será así, sin embargo, en el caso de grandes mansiones puesto que sus propietarios podían permitirse importar piedras de última moda, haciendo llevar piedra de York a Londres o mármol italiano a Connecticut o Georgia.

La luz y su reflejo son factores importantes al seleccionar una piedra. Ésta es una de las razones por la cual, al ponerse de moda los interiores aireados y luminosos, la piedra caliza se ha hecho tan popular. En habitaciones donde el suelo no debiera restar atención al mobiliario, las piedras calizas y las areniscas, así como las maderas duras de tonalidades claras, conforman trasfondos visualmente tranquilos, apropiados para estilos tanto modernos como tradicionales. Sin embargo, en los lugares donde hay pizarra, ésta será una elección más adecuada que la piedra importada, ya que la pizarra proporciona una sensación muy agradable y de gran solidez.

La pizarra, el mármol y el granito son más apropiados que las piedras más ligeras para casas decimonónicas que reviven el estilo Gótico. En éstas, el estilo decorativo combina piedras oscuras como la pizarra con incrustaciones de mármol blanco, o granito con ribetes de mármol de colores. Este tipo de trabajo resulta caro, pero es posible obtener diseños de mármol precortado para incrustar. Los diseños con colores claros se asocian con grandes mansiones neoclásicas y son más adecuados para casas de periodos más clásicos.

Los diseños de mármol incrustado suelen ser muy llamativos, y tienden a convertirse en el centro de una habitación. Posiblemente, sea preferible limitarlos a zonas escasamente amuebladas, como un amplio recibidor. El mármol ha sido utilizado tradicionalmente en todo el mundo para los baños de las casas, y no sólo en los suelos, sino en todas las superficies. Elegante y lujoso, así como práctico e higiénico, puede crear hermosas zonas de baño. Aunque se debe tener cuidado y evitar las superficies muy pulidas para eliminar el riesgo de resbalones.

La base tradicional para suelos de piedra era la tierra natural, pero hoy en día se colocan sobre hormigón, cubierto con una capa de arena y cemento. Las baldosas y las losas pueden colocarse sobre suelos de madera, pero éste debe ser fuerte y, además, es necesario asegurarse de que la estructura es lo suficientemente resistente como para soportar el peso.

En muchas casas construidas o restauradas en el siglo XX, se colocan bases de arena y cemento en el suelo, que permiten revestimientos relativamente finos, como baldosas de piedra, moquetas o parqué, y este detalle deberá tenerlo en cuenta si coloca un suelo de piedra. Será necesario que restrinja su elección a piedra nueva y delgada, o bien que elimine la capa de arena y cemento. Este segundo procedimiento es de mayor complejidad, y sólo deberá realizarlo un constructor o una empresa especializada en la instalación de suelos. Sin embargo, si está construyendo un nuevo suelo de hormigón o remplazando el antiguo suelo de tierra o de madera, dispondrá de mayor libertad para elegir el tipo y el tamaño de la piedra. Además, tendrá la oportunidad de instalar calefacción bajo el suelo (véase pág. 174).

ABAJO *Esta habitación exalta la belleza de un único material. Las enormes losas de travertino combinan con una bañera monumental, realizada a partir de una única pieza de mármol, y con el largo caño del agua, consiguiendo un interior de características impresionantes. La luminosidad de las superficies se ve realzada por el espacio evidente que queda entre el suelo y la pared.*

CERÁMICA Y BARRO COCIDO

Desde la prehistoria, el hombre ha sacado partido al hecho de que el barro puede ser transformado, utilizando fuego, en un material duro como la piedra. La cerámica continúa siendo el más duradero de los productos hechos por el hombre, habiendo perdurado durante siglos en casi todas las regiones.

Los suelos de arcilla, en baldosas o ladrillos, vitrificados o no, son los más versátiles de todos. No sólo resultan extraordinariamente duraderos, sino que además proporcionan innumerables posibilidades decorativas, desde colores extravagantes y complejos diseños vitrificados hasta la precisa geometría de las baldosas cuadradas o la terracota hecha a mano, rústica y primitiva. No es sorprendente que las baldosas sigan conservando su encanto universal: el suelo de baldosas que usted coloque puede perdurar durante siglos.

Aunque los primeros suelos domésticos estaban hechos únicamente de tierra y barro, el incremento del número de edificios más sólidos y los requisitos higiénicos de poblaciones en crecimiento llevaron consigo la introducción de superficies más resistentes y fáciles de limpiar. La piedra era cara, difícil de trabajar y no estaba siempre disponible, por lo que la técnica simple de cocer la tierra para usarla como baldosas para el suelo se extendió por toda Europa y Asia siglos atrás. En América, pese a la tradición de fabricación de vasijas y figuras, no parece que el uso de baldosas de cerámica comenzase hasta el siglo XVI, poco después de la llegada de los españoles. La aplicación de barnices se cree que empezó en Egipto y Mesopotamia, donde el óxido de cobre se usó por primera vez para producir los característicos tonos azules y turquesas de estas culturas.

Baldosas de barro se fabricaban en el Norte de Europa desde la Alta Edad Media, utilizando arcillas locales, cuyo color iba del marrón rojizo a tonos crema, barnizadas con una gama limitada de verdes y grises obtenidos del hierro y del cobre. Por esa misma época, en Oriente, los artesanos utilizaban una amplia variedad de barnices para obtener colores más ricos y brillantes, como los que pue-

Estas baldosas de terracota hechas a mano son un buen ejemplo de lo intemporal que puede resultar la sencillez de un suelo de cerámica, suavizado por variaciones sutiles de textura y color. Aquí, estas cualidades quedan recogidas en el color y textura de la puerta de madera del fondo. El mobiliario realizado con metal moderno pero de diseño clásico queda resaltado por este suelo liso y sobrio delimitado por una franja de guijarros bajo la puerta.

ARRIBA *Estos antiguos suelos italianos de baldosas, con sus dos diferentes aproximaciones al diseño, muestran la versatilidad de los suelos de cerámica. Las vigorosas baldosas azules y amarillas de arriba están dispuestas en forma de franja sobre un fondo gris, consiguiendo un resultado impactante. Sobre el suelo, transmiten un marcado efecto diagonal. Las sencillas y repetitivas hojas verdes y azules de los azulejos de debajo forman una composición uniforme, la cual puede cobrar regularidad colocando las baldosas en la misma dirección, o bien ser más libre disponiéndolas de una forma aleatoria y variando, como aquí, la dirección.*

den verse en las decoraciones de las mezquitas desde Asia central hasta las de la España morisca. La riqueza decorativa de la tradición árabe, persa y oriental demuestra que el arte de los azulejos estaba allí más desarrollado.

Los siglos XVI y XVII vieron una progresiva fusión e intercambio de los estilos decorativos de Oriente y Occidente, debido al aumento del comercio y la mejora de las comunicaciones. Cuando los artesanos árabes fueron expulsados de España, se llevaron consigo sus técnicas a otras partes de Europa, ayudando a difundir la moda de los barnices brillantes. Durante la misma época, el desarrollo de loza barnizada y policromada, conocida como mayólica, en la ciudad italiana de Faenza dio origen a la moda de la cerámica adornada y multicolor. Por toda Europa, las clases más cultas y adineradas decoraban los suelos y paredes de las casas con diseños heráldicos, geométricos o inspirados en la vida salvaje, con turquesas, verdes y amarillos sobre fondos de color blanco de estaño. Surgieron objetos de cerámica azul y blanca por influencias del lejano Oriente, un estilo desarrollado por la industria de porcelana holandesa de Delft. En los interiores domésticos pintados por Vermeer y De Hooch en el siglo XVII, aparecen vasijas, recipientes y baldosas azules y blancas.

La Revolución Industrial comportó una transformación de la cerámica tradicional hecha a mano, y consiguió que la cerámica multicolor se produjese en grandes cantidades y fuese asequible para las clases medias. Pero a finales del siglo XIX hubo una reacción en contra de la falta de variedad de la producción industrial, y algunos diseñadores europeos, como William Morris, De Morgan y Crane, junto con algún americano como H.C. Mercer, promovieron el retorno a la producción artesanal. A ambos lados del Atlántico se abrieron pequeños talleres de producción artesanal, los cuales ejercieron una notable influencia en el *Art Nouveau*.

Desde los años veinte, la producción de cerámica decorativa disminuyó debido a la influencia de una corriente más racionalista, que rechazaba las decoraciones pomposas de las etapas del *Art Nouveau* y del *Art Déco* en favor de superficies menos decoradas y más funcionales. Sin embargo, hoy día, este purismo ha dado paso a una cultura en la que todos los estilos son aceptables, y las baldosas son apreciadas de nuevo como uno de los materiales más versátiles para suelos. Por mencionar sólo un ejemplo, las numerosas restauraciones de casas victorianas han originado una gran demanda de baldosas de colores, con el consecuente aumento de empresas suministradoras.

Fabricación de baldosas

La arcilla, uno de los materiales más comunes de la corteza terrestre, es esencialmente tierra y roca comprimida, combinada con agua y restos de otros minerales, incluido el feldespato, un silicato utilizado en la fabricación del cristal. La arcilla se obtiene simplemente cavando en el mismo suelo, y su aspecto varía según el tipo de minerales e impurezas presentes en cada región, de aquí la variedad y el carácter local de las baldosas y ladrillos tradicionales. La presencia de óxido de hierro proporciona su familiar marrón rojizo a la arcilla de terracota. En la producción industrial se mezclan siempre las mismas arcillas para obtener un producto uniforme del mismo tamaño, forma y textura.

La arcilla es maleable por naturaleza, y mientras está húmeda puede dársele cualquier forma. Al secarse se endurece, aunque sigue siendo frágil y quebradiza. Cuando se cuece en el horno y a medida que aumenta la temperatura, desprende el agua y produce una sustancia de mayor dureza y durabilidad. Cuando la arcilla es calentada a más de 900 °C mejora su dureza pero continúa siendo porosa. Las baldosas de terracota se fabrican de esta forma por lo que se deterioran rápido si se utilizan en exteriores, sin olvidar que, además, no soportan las heladas. A temperaturas superiores a los 900 °C el feldespato comienza a transformarse en cristal, y a los 1.180 °C aproximadamente, la arcilla se vuelve impermeable al agua, a las manchas e invulnerable a las heladas. Las baldosas cocidas hasta este punto, incluidas las baldosas sin esmaltar y las baldosas encáusticas (véanse págs. 54 y 56), se conocen como vitrificadas. Las baldosas totalmente vitrificadas pueden dejarse sin barnizar, mientras que las de cerámica cocida a baja temperatura debido a su porosidad han de ser barnizadas o selladas para hacerlas impermeables. Las baldosas vitrificadas son apropiadas para ser instalados en exteriores, no obstante, conviene consultar este aspecto con el fabricante.

Tradicionalmente las baldosas se hacían a mano, ya fuese formando láminas con la arcilla que después eran cortadas según la forma deseada, o bien prensándola en moldes. Mientras se secaban, las baldosas se contraían y deformaban de manera natural, dando a la superficie y a la forma una calidad de trabajo manual, y asegurando al mismo tiempo un aspecto único para cada baldosa. Las baldosas hechas a máquina son moldeadas con un grosor, un tamaño, un color y una textura uniformes, y son por tanto idénticas salvo que se introduzca a propósito una variación en los moldes. Las baldosas cocidas en hornos tradicionales con fuentes de calor inconstantes, como los de leña, presentan diferencias en el color y la textura, mientras que los hornos de gas o los eléctricos, utilizados en la producción a gran escala, eliminan estas sutiles diferencias. Hoy en día, baldosas de este tipo, aunque más caras, pueden obtenerse en pequeños talleres.

El esmalte no sólo convierte baldosas porosas en impermeables, sino que también permite introducir una gran variedad de colores y dibujos mediante la decoración de la superficie. Los esmaltes contienen compuestos minerales, incluida la sílice, que se muelen y se mezclan con agua para después aplicarlos a la baldosa. Cuando se calienta, los compuestos se funden y crean una sustancia que al enfriarse forma una capa vidriosa. Los compuestos utilizados para conseguir esta capa son óxidos de distintos tipos, pueden ser claros, opacos o coloreados, y producir un acabado mate o brillante. Normalmente, el esmalte se aplica a baldosas que han sido cocidas una sola vez a temperaturas relativamente bajas, y posteriormente se cuecen otra vez. En la cerámica cocida a baja temperatura, el esmalte forma una capa separada que puede dañarse y desgastarse. A temperaturas superiores, el esmalte se une con el cuerpo de la baldosa, haciéndolo más resistente, incluso a las heladas. La mayoría de baldosas vitrificadas son apropiadas para suelos, aunque es posible que la erosión desgaste aquellas más delicadas.

De los tres métodos que normalmente se utilizan para aplicar esmaltes, el más tradicional y adecuado para decoraciones detalladas hechas a mano implica pintar la baldosa con óxidos. Después se recubre con un esmalte transparente, normalmente de plomo. Para superficies más grandes, el esmalte, normalmente de estaño, se colorea. Se puede aplicar también una capa de arcilla líquida llamada barbotina, cuyos colores se limitan a cremas terrosos, rojos y a los marrones de la arcilla natural.

ABAJO *Las baldosas «antiguas» pintadas a mano con una fina decoración con barbotina están recubiertas por un esmalte transparente apropiado para zonas húmedas. Las juntas, al quedar a menos altura, permiten que resalten los delicados colores y la decoración.*

MÁS ABAJO *Esta sencilla cuadrícula de baldosas forma prácticamente un mosaico cuyos colores complementarios, intensificados por un esmalte grueso, proporcionan un atractivo adicional por su naturaleza irregular. Las incrustaciones negras de las intersecciones añaden profundidad y sus formas evocan el arte musulmán.*

Baldosas de terracota

Terracota significa tierra cocida. Son baldosas sin barnizar, con una cocción media y, por tanto, relativamente porosas. Su color deriva del barro del cual están hechas, lo que les otorga una apariencia cálida y natural, abarcando desde colores pálidos, casi amarillos, hasta rosas, rojos, naranjas amarronados y rojos intensos. Algunas se hacen a mano y otras, con diferentes grados de mecanización, y existen en distintas formas y tamaños. Un suelo de terracota bien colocado y pulido ofrece atractivas variaciones en el color y la textura, y proporciona un fondo tranquilo para cualquier estilo de mobiliario. Las baldosas hechas a mano y cocidas con horno de leña tienen un bonito aspecto rústico. Algunos fabricantes pretenden imitar el aspecto gastado envejeciendo las baldosas. Si desea crear un ambiente antiguo, busque baldosas viejas restauradas de las que actualmente se producen en Europa.

Las baldosas nuevas de terracota se ofrecen en distintas formas y tamaños,

PÁGINA SIGUIENTE *Todas estas baldosas de terracota, ya sean nuevas o restauradas, están hechas a mano y presentan su propia variedad de color y textura. Colocadas en un gran número de disposiciones distintas, en algún caso con discretas incrustaciones, como cuadrados insertados de pizarra o bandas de madera de olmo, muestran el abanico de fascinantes opciones que pueden conseguirse con un único material.*

ABAJO *La tosquedad de estas baldosas irregulares de terracota restauradas y sin pulir es muy apropiada para las paredes gruesas y desiguales de esta vieja casa de campo.*

pero la mayoría de proveedores disponen de cuadrados de 30 cm, 25 cm o 20 cm, o hexágonos de diferentes tamaños que pueden utilizarse por sí solos o combinados con cuadrados para formar gran cantidad de diseños. Algunos fabricantes disponen además de cuadrados de 30,5 cm para el mercado americano. El grosor suele ser de 17 a 22 mm. Algunas baldosas hechas a mano pueden ser de mayor tamaño que los cuadrados de 40 cm, y algunos fabricantes también disponen de piezas que apenas alcanzan los 10 cm, o incluso más pequeñas, para realizar cenefas o incrustaciones.

Si piensa usar baldosas de segunda mano, recuerde que el tamaño dependerá de lo que haya encontrado su proveedor. Las baldosas de terracota son porosas, y por ello deben ser selladas para evitar las manchas y la absorción de agua. Tanto el sellado como el mantenimiento son tratados en la página 65.

ABAJO A LA IZQUIERDA *La calidez y colorido de este interior se han conseguido utilizando baldosas de sólo dos colores hechas a máquina, las cuales atraviesan varias habitaciones y presentan un simple cambio de dirección en los umbrales de cada pieza y en los extremos. Las franjas de los contornos delimitan el damero, ya que solamente utilizan un color. El contraste entre el gris y el verde de las paredes contribuye a aportar serenidad al conjunto.*

PÁGINA SIGUIENTE *Las baldosas de terracota hechas a mano en un horno tradicional presentan toda la gama de tonos y texturas de las baldosas antiguas. Las juntas son tan gruesas que prácticamente forman un diseño de tartán, y su tono regular resalta las variaciones de color de las baldosas y también deja al descubierto los atractivos bordes irregulares.*

Ladrillos

Los ladrillos combinan la durabilidad de las baldosas sin esmaltar con el carácter rústico de la terracota. Están cocidos a más altas temperaturas que la mayoría de ladrillos de pared, y por tanto son más densos. Los de pared se pueden usar en interiores y miden 21,5 × 10,2 × 6,5 cm. Los ladrillos para suelos tienen el mismo ancho y largo, pero el grosor varía entre los 3 y los 5 cm.

Los ladrillos para suelos se fabrican de la misma manera que las baldosas de terracota, y los colores en que se encuentran están dentro de la misma gama de marrones y rojos tierra, y algunos azules oscuros, grises y cremas. Crean suelos extraordinariamente fuertes y duraderos, con un aspecto áspero, y se asocian tradicionalmente con zonas de servicio y lugares de trabajo como vaquerías, lavaderos o bodegas.

Los ladrillos son difíciles de limpiar, y no deben instalarse en baños o cocinas. Debido a su tamaño y peso, es razonable destinarlos solamente a plantas bajas o lugares con suficiente profundidad. Junto a la gruesa plancha de hormigón y a la capa de arena y cemento sobre las que se asienta, un suelo de ladrillos nuevos precisará de una profundidad mínima aproximada de 27,5 cm. Los ladrillos pueden colocarse separados por juntas gruesas, como en las paredes, en grupos de tres formando cuadrados, o en dibujos como el de rueda catalina o el punto de espina. Para sellarlos puede utilizar indistintamente selladoras de silicona o barnices de poliuretano.

Baldosas sin esmaltar

Las baldosas de gres sin esmaltar están hechas a máquina, son regulares y densas, vitrificadas y, por tanto, impermeables. Su uso se popularizó durante el siglo XIX en espacios industriales y todavía se utilizan allí donde se necesita un suelo duro e impermeable de cerámica. Al estar hechas a máquina, suelen tener un aspecto uniforme, por lo que algunos fabricantes introducen deliberadamente variaciones del color para aliviar este efecto.

Las baldosas se presentan en una gama de tonos rojos y marrones tierra, grises y negros, azules oscuros y cremas. Los tamaños son estándar y normalmente en forma de cuadrados de 15 cm por 9 o 12 mm de grosor, pero se pueden encontrar otros tamaños e incluso medias baldosas. Como legado de sus orígenes industriales, hay una amplia gama de accesorios, como esquinas, zócalos, zócalos en ángulo, o baldosas rugosas. La utilización de estos accesorios puede crear un ambiente tosco pero moderno, y las baldosas rugosas son especialmente útiles en lugares que reciben mucha agua, como duchas, zonas de servicio o piscinas. Sus formas precisas consiguen un fondo geométrico, particularmente hermoso en tonos crema.

Las baldosas sin esmaltar son muy versátiles y pueden utilizarse para crear los clásicos y sencillos diseños de damero o combinadas con otros materiales para formar interesantes diseños. Aunque las baldosas sin esmaltar pueden deslustrarse con un uso intenso, los fabricantes no recomiendan ningún tipo de acabado. Es más, los encerados tienden a acumular más suciedad que la propia baldosa.

Baldosas encáusticas

Estas baldosas con dibujos están hechas a máquina y se cuecen con el diseño grabado en el cuerpo de la baldosa, procedimiento desarrollado a principios del siglo XIX. Las baldosas encáusticas se elaboran prensando un compuesto de arcilla en polvo dentro de un molde, y los dibujos se realizan normalmente grabando una forma en la superficie, que después es rellenada con arcilla líquida o barbotina antes de cocerla. Las baldosas encáusticas suelen ser más pequeñas que la mayoría, cuadrados de 7,5 o 10 cm. Durante el siglo XIX, estuvieron muy de moda y se produjeron en grandes cantidades, momento en que se sacó partido a su potencial decorativo. La extravagancia de la decoración victoriana, posible gracias a los nuevos procesos de producción industrial, puede apreciarse en su máxima expresión en suelos como los de la Casa Osborne en la isla de Wight y en la Cámara de los Comunes en Londres. A principios del siglo XX, la producción de baldosas encáusticas prácticamente desapareció, pero el auge de la restauración de casas victorianas ha provocado que resurgiese su fabricación.

Algunas baldosas encáusticas modernas están hechas con mezclas de piedra molida y mármol, y posteriormente coloreadas, con lo que se consigue un perfil más nítido del dibujo. Este procedimiento más económico pretende sustituir a la arcilla, y procede generalmente de Marruecos.

Algunos fabricantes han desarrollado deslumbrantes diseños con estarcidos hechos a mano, logrando conjugar la durabilidad e impermeabilidad de este tipo de baldosas con el acabado de la decoración manual. Aunque son relativamente caras, constituyen una alternativa a las baldosas decoradas con barniz de estaño. Generalmente, son de tamaño más grande que las tradicionales y pueden encargarse individualmente o bien en paneles que forman un diseño completo. Las piezas sueltas pueden resultar interesantes como contraste sobre un suelo liso, o para crear cenefas. Los colores suelen ser tonos naturales de gris, azul, rojo y crema, lo cual confiere al suelo un aire tranquilo y sofisticado.

IZQUIERDA Y DERECHA *Las baldosas encáusticas pueden utilizarse para proporcionar un sencillo y atrevido motivo como el de un sol, o combinarse para crear una especie de alfombra de cerámica en la que contrasten formas y colores. El llamativo panel de la izquierda está formado por cuadrados, rectángulos y triángulos de distintos tamaños. Los círculos y líneas rectas, olas y franjas intercalados evocan el trabajo del pintor vienés Gustav Klimt.*

PÁGINA SIGUIENTE *En esta espaciosa cocina se han colocado baldosas encáusticas antiguas en una variada gama de colores pálidos para formar un diseño tradicional rodeado por una cenefa.*

Baldosas esmaltadas

Los suelos de gres esmaltado se presentan en todos los colores, dibujos y formas imaginables; utilizados con imaginación, pueden ser tan extravagantemente coloristas o sofisticadamente sutiles como desee. Áreas grandes de baldosas con gruesas capas de esmalte pueden parecer piscinas de colores, resplandecientes y cálidas, efecto muy buscado a finales del siglo XIX cuando estas baldosas eran especialmente populares. Dada la amplia gama de tamaños y formas disponibles, las posibilidades de elaborar dibujos y diseños decorativos son ilimitadas. Sin embargo, tenga cuidado y no compre de forma impulsiva. Antes de comprar, es sensato tener un concepto de diseño claro y general basado en la calidad y el estilo que desea para su suelo. El color y el dibujo han de pensarse teniendo en cuenta el conjunto formado por el suelo, las paredes y el mobiliario. Recuerde que cuanto más llamativo sea el suelo, más restringida se verá su elección con lo que respecta a los otros elementos del diseño.

Las baldosas decoradas para suelos pueden resultar atractivas utilizadas como zócalos o incrustaciones con otros tipos de baldosas y pueden combinarse con el alicatado de la pared. Aunque las baldosas para suelos puedan parecer iguales que las de pared, tienen que ser más resistentes y gruesas, normalmente entre 9 y 12 mm. En algunas zonas, pueden presentar problemas porque son resbaladizas, sobre todo si están mojadas.

PÁGINA ANTERIOR *Los azulejos restaurados colocados en un patio recubierto por sencillos ladrillos constituyen un foco de atención bajo la mesa. Los azulejos forman un motivo que imita una alfombra, no sólo por sus llamativos colores sino también por el diseño de espiga doble, que contrasta con la disposición en espiga sencilla de los ladrillos. La utilización de ladrillos pone de manifiesto la doble naturaleza del lugar, que compagina el interior con el exterior.*

ABAJO *El espectacular brillo de estos azulejos proporciona a la habitación un ambiente fresco y reluciente, subrayado por el color verde mar. El complejo diseño en dos colores muestra lo que es posible conseguir intercalando formas diferentes.*

ABAJO *Esta habitación ha sido diseñada para transmitir una impresión informal y evidenciar que está integrada dentro de un lugar antiguo y grande como cuarto de baño. Esta sensación se subraya con el uso de baldosas decoradas dispersas que discurren por debajo de la bañera.*

PÁGINA SIGUIENTE *Estas baldosas azul pálido hechas a mano, con su variedad de tonos, consiguen un suelo tranquilo y elegante. El toque de colorido lo proporcionan los azulejos de alrededor de la columna, en los que se combinan tonos azules con marrones amarillentos.*

Baldosas de gres porcelánico

La baldosa de porcelana es una cerámica relativamente nueva que se fabrica casi exclusivamente en Italia. La porcelana es arcilla con un alto contenido de caolín, y es cocida a temperaturas más altas que cualquier otra cerámica. En consecuencia, es un material altamente vitrificado e impermeable, por lo que tradicionalmente se ha utilizado para vajillas. Las altas temperaturas que se utilizan en su cocción permiten utilizar grandes cantidades de óxidos y mineral de feldespato, creando así un material muy resistente. Las baldosas de porcelana no están decoradas pero se fabrican en una amplia gama de colores y acabados que imitan bastante bien la piedra natural y el terrazo. Son una alternativa económica y muy válida al granito. Se encuentran en acabado mate o brillante, en cuadrados cuyos tamaños oscilan entre los 25 mm de las piezas para formar mosaicos, hasta los 60 cm, y siempre con un grosor de 12 o 15 mm.

La precisión y regularidad de las baldosas de porcelana las convierte en ideales para formar diseños geométricos. Se puede introducir variedad con sólo cambiar el tamaño o la dirección de las baldosas, con el diseño de las juntas o con el uso de cuadrados más pequeños formando un ribete alrededor de baldosas más grandes. La dureza y el fácil mantenimiento de la porcelana la convierte en una buena elección para recibidores y cocinas. No obstante, estos suelos, pulidos y nítidos, tienen un aspecto austero y, si no se compensa con un mobiliario agradable y cierto colorido, pueden crear una atmósfera fría.

Selección y diseño

La cerámica puede utilizarse para crear cualquier estilo, ya sea rústico o geométrico, doméstico o lujoso, tranquilo o deslumbrante. Debido a su durabilidad y resistencia al agua, a las manchas o al uso intenso, estas baldosas son ideales para baños, cocinas, zonas de servicio y recibidores, donde el suelo se mojará o habrá de ser lavado con regularidad. Sin embargo, no son flexibles, y si piensa instalar este tipo de suelo, recuerde que tiene que ser colocado sobre una base plana y estable. Incluso sobre un suelo sólido de madera es probable que tenga que añadir una base de madera contrachapada para asegurarse de que la superficie es completamente plana. En las páginas 176-179, aparecen instrucciones detalladas sobre cómo preparar los suelos y colocar las baldosas.

Cuando elija el color de las baldosas, recuerde el factor suciedad. La limpieza será un problema constante si utiliza colores claros. Una opción más práctica serán los tonos más oscuros, a los que quizá se pueda añadir claridad incrustando algunas baldosas de colores, o diseños geométricos que entremezclen azules, grises y cremas. No obstante, a un baño, donde el barro de fuera es difícil que entre, se le puede proporcionar una apariencia limpia y fresca con baldosas de colores más claros y con tonos blancos.

En general, los rojos tierra, marrones y grises de las baldosas cocidas a baja temperatura se asocian con interiores naturales y poco sofisticados, mientras que aquellas en azul celeste, cobalto y verde, cocidas a mayor temperatura y que antes sólo se encontraban en centros de salud y centros de investigación, sugieren un mayor refinamiento artístico. Las baldosas de terracota, por ejemplo, con su simplicidad y calidez, son ideales para la cocina o el comedor de una casa de campo.

ABAJO *Esta colección de baldosas encáusticas muestra la variedad de colores y diseños disponibles hoy en día, desde formas geométricas simples hasta estilizados dibujos florales. Estas baldosas grandes están formadas por una base de hormigón y normalmente son producidas en el Norte de África.*

PÁGINA SIGUIENTE *Estas sencillas baldosas esmaltadas hechas a mano crean un lujoso baño. Presentan un cálido tono crema y están delicadamente enmarcadas por baldosas ornamentadas con volutas, lo que proporciona un aire oriental. El suelo se diferencia de las paredes por las gruesas juntas azules, que completan el diseño del suelo al tiempo que lo hacen menos resbaladizo.*

ABAJO *Los ladrillos verdes esmaltados colocados en bandas y en zigzag contrastan con los ladrillos lisos de barro sin esmaltar y forman una atrevida y atractiva escalera. Salientes especiales de barro crean un borde más fuerte en cada escalón, protegen los ladrillos verdes y hacen menos resbaladiza la superficie.*

Por el contrario, en decoraciones más sofisticadas, las baldosas encáusticas o baldosas sin esmaltar de colores inspiradas en diseños victorianos pueden utilizarse para aportar el colorido de las alfombras pero con la durabilidad y el precio de la cerámica hecha a máquina.

Un suelo de cuadrados regulares de baldosas lisas parecerá limpio y moderno, proporcionando un fondo perfecto para poner muebles y alfombras más trabajados. Se puede introducir variedad y atraer la atención con sólo cambiar el tamaño y la dirección en que las baldosas son colocadas, o combinando cerámica con

otros materiales. Las incrustaciones decorativas pueden ser atractivas cuando se utilizan como parte de un diseño geométrico general. Los cabujones son fáciles de encontrar en toda una amplia gama de colores y medidas, y pueden combinarse con baldosas de tamaños mayores de terracota, gres esmaltado u otros materiales como pizarra o mármol. Si decide combinar incrustaciones esmaltadas con baldosas sin esmaltar, aquéllas deberán ser colocadas de tal forma que queden ligeramente hundidas para minimizar el desgaste de la superficie esmaltada.

Hay otros materiales que también pueden combinarse con la cerámica. Por ejemplo, un tartán de terracota alternado con pizarra algo más estrecha, o incluso franjas de madera, tendrá un aire sutil y sofisticado. El mármol también puede utilizarse de esta manera para magnificar su aspecto, pero es importante que si mezcla distintos tipos de materiales éstos sean compatibles en cuestión de durabilidad y mantenimiento.

Sellado y mantenimiento

Las baldosas de cerámica son uno de los materiales que requieren menos mantenimiento. Las cerámicas no porosas, como las baldosas esmaltadas y sin esmaltar, y las baldosas encáusticas y porcelánicas, no deben ser selladas o pulimentadas, pues al no absorber nada se volverían más resbaladizas y sucias.

Las baldosas de terracota cocidas a baja temperatura deben sellarse utilizando aceite de linaza hervido o una selladora apropiada. Aplique una capa a la superficie y a los bordes antes de instalarlas para mantenerlas limpias. Una vez colocadas, aplique otra capa a todo el suelo. El aceite o selladora penetrará en las baldosas, si esto ocurre rápidamente y la superficie se vuelve mate, se recomienda aplicar otra capa. Aplíquela uniformemente usando una prenda suave en forma de cojín, pues una absorción irregular hará que las baldosas presenten un aspecto desigual. El aceite sobrante que no haya sido absorbido en 15 o 20 minutos debe ser eliminado. Espere al menos cuatro horas, aunque lo ideal sería una noche, antes de aplicar una capa de cera para suelos. Para conseguir una superficie resistente, se requieren dos o tres capas de cera en un primer momento, seguidas de aplicaciones semanales durante el primer mes.

Una vez colocados y sellados, estos suelos únicamente necesitan ser barridos con una escoba suave y fregados con agua templada y detergente neutro o bajo en sulfatos. No rocíe el suelo con detergente, es mejor diluirlo primero, siguiendo siempre las instrucciones del fabricante. Si está sucio, deje el suelo mojado durante unos diez minutos para que el detergente actúe, y después séquelo, repitiendo la operación si fuese necesario.

Eliminar la grasa difícil requiere algo más de esfuerzo. Si se trata de baldosas esmaltadas, utilice un detergente altamente alcalino o uno que contenga disolventes orgánicos. Para otras cerámicas, frote la mancha cuidadosamente con un limpiador abrasivo. Si la grasa no desaparece, pruebe con lejía diluida o piedra pómez. Aclare siempre las baldosas y no utilice jabón si no desea que el suelo quede resbaladizo.

ABAJO *Las baldosas esmaltadas del suelo diseñadas para resaltar esta inusual pila toman el verde de las paredes para proporcionar un ambiente fresco. El diseño de damero verde y blanco con juntas oscuras pertenece a la primera época del modernismo, al igual que la pila.*

MOSAICO

Un mosaico se confecciona con pequeñas piezas de piedra, vidrio o cerámica, colocadas sobre una base. La técnica del mosaico también puede utilizarse para ensamblar muchos otros tipos de materiales duros y formar así un dibujo; de hecho, hoy en día los diseñadores emplean en esta tarea una gran variedad de objetos, como conchas, trozos de cerámica o cualquier otro elemento pequeño. Los métodos modernos de producción han permitido fabricar múltiples dibujos y diseños en paneles prefabricados, que pueden colocarse uno junto a otro como baldosas y cubrir grandes áreas. Una ventaja del mosaico radica en las oportunidades que ofrece para confeccionar su propio diseño de suelo, desde el más simple al más elaborado, o encargar obras de arte valiosas y complejas.

El mosaico ha sido uno de los rasgos más característicos de palacios y templos en todo el mundo durante miles de años; los más bellos ejemplos de este arte ancestral han sido objeto siempre de admiración y emulación. Como son extraordinariamente duraderos, en muchos casos los mosaicos son lo único que ha quedado de grandes edificios del pasado. En Grecia, por ejemplo, suelos de guijarros entremezclados con tiras de hierro han sobrevivido desde el 1600 a.C. Presentan una gama de colores que se limita a los de la piedra del lugar, con fondos en blanco o gris y diseños en rojos oscuros, amarillos, verdes y negros. Los diseños geométricos lisos en negro y blanco eran comunes.

Alrededor del siglo III a.C., los romanos comenzaron a fabricar pequeñas teselas de cerámica en colores, permitiendo la creación de mosaicos más prácticos y delicados para suelos de interiores y la elaboración de diseños más detallados y figurativos. Imágenes de personajes mitológicos, animales y festines adornaban las casas y edificios públicos romanos, desde Inglaterra hasta el Norte de África. Algunos de los mejores ejemplos pueden verse todavía en los suelos de las casas de Pompeya y en cientos de villas excavadas en Inglaterra. Un popular e intrigante diseño, utilizado en comedores, era un *trampantojo* que mostraba los restos de un festín.

Teselas de colores variados hechas de vidrio opaco fueron desarrolladas por artistas bizantinos instalados en Venecia sobre el 400-600 d.C. Con sus colores vivos se produjo una explosión de creatividad, que combinaba rasgos de estilo occidental con la pasión oriental por la decoración de suelos y paredes. El mosaico de la iglesia de San Vitale en Rávena, última capital imperial de Italia, supone la culminación de esta técnica y muestra el suntuoso colorido y los diseños intrincados de este arte en su máximo esplendor.

Este moderno mosaico emula deliberadamente las formas rotas e incompletas de los suelos antiguos desenterrados por arqueólogos. Su diseño clásico con el emblema central y el ribete con motivos griegos hace juego con los pilares y las cornisas corintias, y constituye un complemento muy adecuado para el falso fresco de las paredes. Todos los elementos de esta habitación se coordinan para crear un efecto teatral.

En Europa, a partir del siglo XIV, el uso del mosaico decayó aunque se mantuvo en la ornamentación de iglesias durante unos siglos más, como se observa en la decoración de la basílica de San Pedro en Roma. Hacia finales del siglo XIX, la fascinación victoriana por lo exótico y el eclecticismo trajo un renovado interés por esta técnica a ambos lados del Atlántico, y esto ha continuado hasta hoy. Los mosaicos nuevos suelen ser caros porque conllevan mucho trabajo, pero puede servirse de combinaciones de diseños disponibles en paneles prefabricados para instalar suelos bonitos y duraderos rápidamente y con poco esfuerzo, y por un precio muy inferior al del trabajo de un artista especializado en mosaicos.

Un suelo de mosaico aportará una atmósfera histórica, quizás un aire Mediterráneo, a una habitación. Sus piezas pequeñas y normalmente brillantes transmiten una enorme vitalidad y sugieren la idea de lujo, generalmente asociada a lugares esplendorosos. Diseños de volutas, espirales y círculos entrelazados, e incluso mosaicos lisos de colores, que de hecho nunca son lisos al estar formados por tantas pequeñas piezas con sus pequeñas diferencias, suelen atraer la vista y dar una sensación recargada. Por ello, tradicionalmente, las estancias con suelos de mosaicos se han decorado con pocos muebles. En salones, donde preferirá un suelo visualmente tranquilo, será mejor limitar el poderoso efecto del mosaico a configurar un adorno, una cenefa estrecha o a incrustaciones dentro de un material más liso, como baldosas, losas de mármol o piedra de un color neutro. Esta combinación de zonas lisas y zonas con dibujo puede resultar especialmente bonita en habitaciones con una decoración formal o como detalle en un pasillo. Cualquiera que sea la extensión o el diseño del mosaico, deberá tener en cuenta que la iluminación es muy importante; una luz lateral tan baja como sea posible resaltará mejor la textura de la superficie.

PÁGINA SIGUIENTE, ARRIBA *Mosaicos como éstos, aparentemente muy elaborados, pueden hacerse con relativa facilidad mediante dibujos prefabricados dispuestos sobre un fondo liso.*

PÁGINA SIGUIENTE, ABAJO *Los colores ligeramente gastados y el beige del mosaico combinando con las losas de alrededor aportan un sutil aire antiguo al suelo.*

IZQUIERDA *Se puede introducir un mosaico como motivo decorativo en diferentes tipos de suelo, o bien puede utilizarse para crear un diseño general. En este caso, la sobria utilización de un mosaico formado por cuadrados de un rojo intenso añade interés y una sutil opulencia a la regularidad de las losas de piedra. Esta combinación de cuadrados lisos y mosaico es habitual en cenefas para paredes en decoraciones modernas, las cuales se realizan con teselas del mismo tamaño que las del suelo.*

ARRIBA *Estas incrustaciones de cerámica de formas expresamente realizadas para este propósito configuran un interminable y fascinante diseño geométrico típico del arte musulmán, el cual puede repetirse hasta el infinito ya sea como cenefa o como revestimiento de toda una superficie.*

Métodos y materiales

Tradicionalmente, las teselas se han elaborado cortando pequeños trozos de piezas de mármol, cerámica o vidrio. Algunos fabricantes producen teselas hechas con moldes, que no son tan caras como las hechas a mano. Hay gran diversidad de tamaños, pero los cuadrados de entre 5 y 10 mm son lo bastante pequeños para formar diseños y dibujos tradicionales. Piezas más grandes servirán para crear composiciones abstractas. Guijarros, porcelana rota y trozos de metal pueden recogerse de muchos sitios y utilizarse tal cual para confeccionar un mosaico.

Las técnicas básicas de elaboración de mosaicos han cambiado muy poco desde que surgieron, hace tres o cuatro mil años. Los métodos pueden adaptarse a muchos materiales, posibilitándole el desarrollo de sus propias ideas para crear un suelo tan personal o especial como desee. Sin embargo, utilice lo que utilice, es preferible prescindir de piezas con gran profundidad, pues el grosor de la pieza más gruesa determinará el grosor de toda la base del suelo, lo que a su vez afectará a puertas, escaleras y zócalos.

Los mosaicos pueden hacerse por el método «directo» o por el «indirecto», dependiendo de la clase de materiales y el área que se quiera cubrir. En el método directo, las piezas se colocan directamente sobre la base. Esta técnica es muy útil cuando se trata de materiales inusuales, como guijarros o cerámica rotas o si la composición es muy grande. En el método indirecto, las teselas se colocan del revés sobre una estructura provisional, de manera que pueda verterse una capa de lechada o resina para formar una base sólida sobre el diseño; de este modo, se consigue una baldosa o panel que podrá ser volteado y colocado de la misma forma que una baldosa de cerámica. Igualmente, puede utilizarse un pegamento soluble en agua para unir las caras de las teselas en su disposición definitiva a unas hojas de papel duro, mallas de nailon o cañamazo, las cuales se transportan después al lugar previsto y se colocan en el cemento fresco mirando hacia fuera. Una vez el cemento se ha endurecido, el frontal puede retirarse aplicándole agua. Los mosaicos colocados con este método tienden a ser más planos y uniformes que aquellos colocados directamente sobre la base.

Para conseguir una superficie firme y relativamente uniforme, las juntas del mosaico deben ser enlechadas. Las técnicas básicas son las mismas que las empleadas en las baldosas de cerámica (véase pág. 179). Al eliminar la lechada de la superficie, el mosaico quedará ligeramente más elevado. También es posible colocar mosaicos utilizando paneles que se venden ya formados, normalmente cuadrados de 20 cm y 19 mm de grosor, listos para colocar sobre madera o sobre suelos sólidos.

PÁGINA SIGUIENTE *Una diversidad de mosaicos diferentes muestran la amplia variedad de diseños que se pueden conseguir, ya sea utilizando teselas pequeñas cortadas a mano y* smalti, *o bien paneles de mosaico hechos a máquina, mayores y más regulares. Los tonos suaves que reflejan los colores de la piedra natural recuerdan los mosaicos antiguos, como el damero de la fotografía, el cual forma parte del pavimento de una casa romana en Aquileia. Los diseños simples con curvas o bien lineales, así como las guirnaldas sobre un pavimento exterior, se basan en diseños clásicos. Los colores vivos ofrecen la posibilidad de crear suelos más modernos, tanto para cubrir toda una habitación como para crear un efecto de trampantojo. Las líneas onduladas de una «alfombra» de mosaico se asientan como un tejido en el suelo.*

Diseños clásicos

La textura de un mosaico, como la de una pintura, es un elemento esencial de su atractivo. Como en un cuadro puntillista, lo que desde la distancia aparentan ser bloques de color o gradaciones de tono, son en realidad elementos individuales que se tornan visibles cuando se observan desde cerca. Cuanto más pequeñas son las piezas de un mosaico, más detallado será el acabado del dibujo. Aunque se utilizan materiales modelados en fábricas, una característica esencial de las piezas es la sutil variación de tamaño, lo que otorga al mosaico un carácter único.

En los dibujos y cenefas empleados tradicionalmente en la elaboración de mosaicos, se utilizan diseños repetidos como motivos griegos, guilloquis, volutas y estilizados motivos florales. Empleando cristal, piezas de cerámica de colores vivos o espejos, puede crear diseños modernos, geométricos y llenos de colorido. La yuxtaposición de pequeñas formas geométricas en colores brillantes, reminiscencia del *Art Déco*, es particularmente apropiado en los mosaicos.

Los romanos desarrollaron numerosas formas de disponer las teselas para hacer un diseño, algunas basadas en la utilización de sólo dos colores, y por tanto relativamente fáciles y rápidas de colocar. Otras, utilizadas principalmente en interiores domésticos, requerían mucha habilidad y numerosos colores para formar cuadros de gran vitalidad.

Opus tesselatum y *opus regulatum,* que significan literalmente «obra basada en cubos de piedra uniformes», son términos que describen una disposición de teselas más o menos cuadradas en líneas rectas. Si compra mosaico en paneles prefabricados, es así como quedarán. Esta disposición es perfecta para construir formas geométricas y rellenar el fondo de composiciones más complejas, pero puede resulta un tanto rígida para figuras y detalles.

Opus vermiculatum, que significa «trabajo en forma de gusano», es quizá la más expresiva y exigente de las diferentes formas de disponer un mosaico. En diseños con un motivo central o repetitivo, las teselas se colocan en líneas que discurren formando la imagen. Los mosaicos romanos a menudo se componían de varias hileras de *opus vermiculatum* formando un motivo, mientras que el fondo estaba compuesto por *opus tesselatum* regulares. Los contornos del motivo se dibujaban en colores oscuros para contrastar los límites de la figura y el fondo, y aportar claridad a la imagen. Para realizar las curvas y cambios de color que hay en muchos de estos trabajos, se utilizaban teselas de distintas formas y tamaños, y los artesanos más capacitados ensamblaban normalmente los dibujos y motivos más complicados en sus talleres, y después se colocaban como elementos centrales en suelos más grandes. La técnica menos frecuente de utilizar un múmero menor de teselas pero más grandes se conoce como *opus sectile,* o «trabajo que se puede cortar». Ésta se empleaba cuando piezas de mayor tamaño, como trozos de baldosa, componían el mosaico.

Emblemata es el nombre que recibían los cuadros centrales o los dibujos elaborados colocados sobre un fondo liso. En tiempo de los romanos, este tipo de composiciones se realizaba normalmente con imágenes relevantes del patrón o de la localidad.

ABAJO *Este ejemplo de un mosaico muy elaborado de una villa romana en Aquileia combina el* opus tesselatum *en las piernas y el fondo con el* opus vermiculatum *del halo y otras formas muy detalladas. Los abundantes detalles muestran la maestría conseguida por los antiguos artesanos. El impacto se consigue en gran medida mediante la combinación de la textura de la superficie con la suave gama de marrones, cremas y rojos.*

Smalti

El verdadero *smalti* está formado por piezas de vidrio opaco coloreadas, normalmente de 15 × 10 × 5 mm de grosor, que pueden adquirirse en una casi infinita variedad de colores y crear bonitos efectos de profundidad y luminosidad. Ha sido tradicionalmente uno de los materiales más preciados para mosaicos, se elabora a mano, casi exclusivamente en Italia y, por lo tanto, es caro. Al ser pequeños e irregulares, se requiere mucha habilidad para trabajarlos, pero con ellos se consiguen los mosaicos más bonitos y variados.

El *smalti* de oro y plata, tan típico en los mejores mosaicos antiguos, hoy en día todavía puede obtenerse aunque a un precio elevado. Se insertan unas láminas de oro y plata entre dos capas de vidrio transparente, dando a las teselas un aspecto extraordinariamente lustroso. El coste de materiales tan lujosos es obviamente prohibitivo para zonas grandes, pero puede limitarse su uso a unas pocas piezas en mosaicos grandes para producir destellos interesantes.

También es posible obtener teselas de vidrio hechas a máquina. Se presentan en una gama de colores más limitada que el *smalti* pero a precios más asequibles. Al ser más grandes, normalmente cuadrados de 20 × 20 mm, y más regulares, son mucho más fáciles de manejar y pueden obtenerse de dos formas, sueltas o en paneles con papeles adhesivos.

ARRIBA Este smalti *de vivos colores muestra un gran colorido así como su característica capacidad para reflejar la luz. Tan sólo se han necesitado unas pocas teselas verdes para animar el dibujo.*

IZQUIERDA *Volutas de* smalti *de reluciente color oro son suficientes para introducir un elemento vigoroso que contrasta con el fondo reposado formado por suaves y variadas teselas. Éstas han sido colocadas con gran habilidad en una disposición radial para reforzar las líneas del* smalti.

Guijarros y conchas

Los guijarros son uno de los materiales más simples disponibles para confeccionar mosaicos, además, restos arqueológicos demuestran que han sido usados en los suelos, como mínimo, desde el tiempo de Alejandro Magno. Su natural variedad de tamaños y colores ofrece la oportunidad de crear bonitos, sutiles y armoniosos diseños, con una gama de colores que van desde el negro y los grises piedra, hasta blancos y beiges. Los guijarros se colocan habitualmente por el método directo, hundiéndolos en una base de cemento, hormigón fresco o resina. También se pueden disponer sobre una mezcla de cemento y arena, para después mojarlos y así activar la mezcla.

Las conchas también se han utilizado tradicionalmente para crear mosaicos, sobre todo como elementos decorativos, y el resultado es muy efectivo cuando se incorporan a suelos de guijarros. Puede utilizarse cualquier concha, excepto las más frágiles, de la misma manera que los guijarros, aunque hay que asegurarse de que el interior de la concha quede boca abajo y completamente relleno de cemento por la base para que no se rompan al pisarlas.

Aunque los mosaicos de guijarros y conchas son resistentes, a menos que se

PÁGINA SIGUIENTE *El color de la sencilla cenefa de guijarros se complementa con el azul marino de los marcos de las ventanas y crea un foco de atención en el suelo de este baño inspirado en las playas de arena blanca del Mediterráneo. Se ha colocado una doble hilera de guijarros directamente sobre una base de cemento posteriormente sellada. Al utilizar los guijarros sólo en la cenefa, se minimiza la incomodidad de este material. Se trata de un suelo relativamente sencillo de conseguir, que representa una solución barata, duradera y de bajo mantenimiento.*

ARRIBA *Este suelo de mosaico de guijarros, inspirado en un clásico diseño abigarrado en blanco y negro, presenta una doble cenefa de follaje que sirve de marco para un emblema central. Los pequeños guijarros, todos de un mismo tamaño, perfilan las líneas del dibujo en las zonas adornadas y están colocados en línea recta para formar el fondo.*

IZQUIERDA *Este suelo recubierto totalmente por guijarros de mármol blanco, que contrastan con el contorno almenado de teselas vítreas azules, aporta textura y personalidad al suelo de este recibidor.*

coloquen muy juntos y se incrusten bien en el suelo, no son cómodos de pisar, sobre todo con los pies descalzos. No obstante, son duraderos, fáciles de limpiar, no resbalan y, por lo tanto, muy prácticos en lugares en que se lleva calzado mojado. Las conchas son especialmente apropiadas y un material tradicional para baños, y pueden ponerse alrededor de materiales más cómodos, como baldosas. Los mosaicos de guijarros y conchas son quizá los más sencillos para aquellos entusiastas del bricolaje, ya que la técnica de colocación es sencilla; y, además, al tratarse de materiales irregulares, no se pierde calidad si el nivelado y las juntas son algo desiguales.

Cerámicas y otros materiales

Pueden emplearse trozos de baldosas u objetos de cerámica de la misma forma que las tradicionales teselas de piedra o cristal; de hecho, hoy en día muchos artistas realizan suelos con diferentes piezas de cerámica que pueden considerarse mosaicos. La ventaja de utilizar cerámica es que se dispone de una amplia gama de colores muy vivos a bajo precio. Es posible utilizar trozos de platos o vasos rotos y como probablemente éstos tengan cierto grosor, serán más fácilmente incrustados en una base de cemento. Cualquier tesela con bordes afilados, como espejos, vidrio o metal, deberá hundirse lo suficiente para impedir accidentes. En composiciones más elaboradas, el método indirecto también es aplicable; así, podrá realizar el diseño sobre papel con las piezas colocadas y pegadas con la superficie acabada bocabajo, y después colocar el bloque donde desee. Siempre que la superficie exterior sea bastante regular, pueden incorporarse componentes de cualquier forma y tamaño para crear un suelo de mosaico fuera de lo común.

ARRIBA Y DERECHA *Estos dos mosaicos contemporáneos muestran cómo trozos de baldosas rotas pueden unirse para formar diseños llenos de vida. El contraste entre la baldosa cuadrada de arriba, rota y reensamblada casi en su forma original, y los fragmentos desperdigados a su alrededor consiguen una atractiva combinación de formas que sugieren una reconstrucción arqueológica. Para hacer la cabeza y los pies de la tortuga de la derecha, se han pintado piezas grandes de cerámica especialmente para ello, mientras que la tira de teselas oscuras de la izquierda produce un efecto de sombra debajo de ella.*

Consideraciones prácticas

Una vez que se haya decidido por un suelo de mosaico y tenga alguna idea del diseño y de las proporciones, deberá decidir cómo quiere que se instale. Algunos diseños sencillos, como los mosaicos de guijarros, requieren muy poca práctica, mientras que otros más grandes y complejos, como los de teselas pequeñas, es preferible dejarlos en manos de un experto.

La mayoría de empresas especializadas serán capaces, dentro de ciertos límites, de llevar a cabo suelos con formas y composiciones que encajen con su idea, aunque los diseños estándar en láminas prefabricadas son más prácticos y, como están pensados para facilitar el trabajo, no serán tan caros como aquellos que deban ser instalados con el método directo. Pueden encontrarse láminas prefabricadas con todo tipo de diseños, cenefas y formas, así como láminas de colores lisos. Las teselas habitualmente están hechas de cerámica o cristal de color parecidas al *smalti* aunque menos brillantes, y se presentan en una amplia gama de colores, algunos veteados imitando el mármol. Las piezas individuales suelen ser cuadrados de 20 mm de lado y 4 mm de grosor, hechas a máquina y de acabado regular. El espacio entre las teselas producidas industrialmente es uniforme, lo que permite obtener una regularidad que no se consigue con el mosaico colocado manualmente. Los mosaicos que superen los 3 m deberían incorporar juntas de dilatación, cuya ubicación deberá pensarse cuando se idee el diseño.

Si piensa encargar un mosaico especialmente diseñado para usted, recuerde que será mucho más caro que uno prefabricado. Procure ver *in situ* los trabajos del mayor número de artistas posible, y asegúrese de que la persona que elija tiene clara desde el principio la idea de cuáles son sus preferencias. Dependiendo del tamaño final del mosaico y del método de construcción utilizado, los profesionales instalarán el suelo en su casa, o bien prepararán el diseño en sus talleres para después instalarlo ellos mismos o encargarlo a un especialista.

Una vez el mosaico está colocado, el mantenimiento es, en comparación, más fácil. Los materiales usados tradicionalmente en los mosaicos no requieren sellado y resultarán pavimentos extraordinariamente duraderos. La suciedad de la superficie puede eliminarse con una escoba blanda o con un trapo. Al ser lavable e impermeable a las manchas, el mosaico es especialmente apropiado para cocinas, recibidores y baños, y puede incluso extenderse a los laterales de las bañeras para impermeabilizarlas. Los mosaicos de cristal o cerámica pueden ser resbaladizos, pero siempre lo serán menos que aquellos de piedra pulida o de baldosas esmaltadas, ya que las juntas y las caras angulosas proporcionan una superficie rugosa e irregular. Si una o dos teselas se desprenden, podrán recolocarse fácilmente con un adhesivo recomendado por el instalador.

Los mosaicos, sobre todo los de guijarros, son algo pesados, por lo que conviene ponerlos sobre una base sólida de hormigón. La mayoría de mosaicos se pegan en el suelo con adhesivos, pero los de guijarros precisarán una base de cemento y arena. La mezcla deberá contener una parte de cemento por cada tres de arena, y no tener menos de 5 cm de grosor, aunque puede variarse la profundidad para compensar una superficie irregular bajo la base. También es posible colocar mosaico en suelos recubiertos con madera contrachapada (véase pág. 177) empleando adhesivos epoxídicos y lechada, aunque se deberá comprobar la solidez del suelo antes de instalarlo. Éste deberá ser completamente estable y uniforme para que el mosaico no se resquebraje una vez instalado.

ARRIBA *El mosaico es ideal para crear imágenes tridimensionales mediante formas entrelazadas. En este caso, las variaciones de tono y color aportan sobriedad y personalidad al diseño, mientras que las irregularidades contribuyen a darle encanto.*

MADERA

No existe quizás otro material capaz de crear una sensación tan agradable como la madera, y cuando está trabajada con destreza estamos tentados de estirarnos sobre ella para poder sentirla. Hoy en día, cuando nuestras vidas parecen tan apartadas de la naturaleza, el acabado, colorido, textura y olor de la madera evocan la magia de la naturaleza, de los árboles y de los bosques.

En climas templados y tropicales, la madera crecía hasta hace poco en abundancia. Es fuerte, relativamente ligera y fácil de trabajar, ya sea en formas simples o más sofisticadas. No es extraño, pues, que durante siglos haya sido uno de los elementos básicos en la construcción de suelos.

La madera puede dividirse en dos grandes tipos: maderas duras y blandas. Los bosques templados de árboles de hoja caduca en Europa y América producen madera dura de tonos claros como el roble, el fresno y el arce. Los árboles de hoja perenne de las selvas tropicales producen maderas duras más oscuras, como la caoba o la teca. Las maderas blandas como el pino o el cedro son generalmente claras y crecen principalmente en los bosques de coníferas perennes del Norte de Europa, Norte de América y Asia.

Tradicionalmente, al construir se utilizaba cualquier madera que estuviera localmente al alcance, ya fuese para construir una casa o un palacio. Hasta finales del siglo XVII, en Europa y Norteamérica, las maderas más comunes para suelos eran el roble y el olmo, con tablas de 40 a 50 cm de ancho. Sin embargo, a principios del siglo XVIII, se hizo común en toda Europa y en el Nuevo Mundo la utilización de maderas blandas como el abeto del Báltico. En casas señoriales, era habitual que los extremos de los suelos de madera de los salones fuesen teñidos o pintados con complejos diseños que servían de marco para alfombras. En interiores todavía más suntuosos, se utilizaba mosaico de parqué, técnica originaria de la ebanistería italiana que consistía en crear diseños insertando piezas de madera coloreada. Las maderas duras fueron aumentando progresivamente de precio, y a finales del siglo XIX sólo los constructores de las residencias más refinadas podían permitirse poner madera dura en toda la casa, por lo que a menudo se utilizaba roble para las estancias principales y maderas blandas en las habitaciones superiores. Actualmente, las maderas blandas se utilizan para la mayoría de suelos, sobre todo por razones económicas, y la madera dura se usa cada día más para revestimientos. Tablas compuestas como las contrachapadas o el conglomerado están hechas de maderas blandas.

La sobriedad del mobiliario en esta elegante habitación permite apreciar las tablas de madera dura con su diversidad de colores y vetas, mientras que los tonos claros de la madera reflejan la luminosidad que penetra por los amplios ventanales. La poca longitud de las tablas de este parqué flotante añade atractivo al suelo, y la ligera variación de tonos no resta belleza a las delicadas líneas de la madera tallada de los escasos y selectos muebles.

DE ARRIBA ABAJO *Estas muestras permiten apreciar los colores y vetas de las tablas de arce y de haya, y de los listones de cerezo y de nogal.*

Elección de un suelo de madera

Tanto las maderas blandas como las duras pueden utilizarse en toda la casa, aunque aquellas que tienden a dilatarse no debieran emplearse en baños o cocinas donde el suelo se moja constantemente ya que ello provocaría que se degradaran rápidamente. Esto explica por qué las puertas expuestas a la climatología se han hecho tradicionalmente de madera dura. Cuando elija una madera es importante recordar las diferencias fundamentales entre los dos tipos. La madera dura es densa, compacta y duradera y puede tener gran diversidad de veteados y colores, consecuencia del crecimiento y la acumulación de capas en el tronco. Las maderas blandas crecen más rápidamente, tienen un veteado más regular y son menos compactas. Resultan ideales para la explotación forestal, más fáciles de trabajar y más económicas, aunque también menos duraderas.

La utilización de determinadas maderas duras de origen tropical es un asunto controvertido. Los bosques donde crecen juegan un papel vital en el ecosistema del planeta, y la destrucción de este recurso natural, lo cual se está produciendo en una proporción alarmante, es motivo de seria preocupación. El reciente desarrollo de sistemas de gestión basados en procesos sostenibles ha significado que las maderas duras tropicales aún puedan utilizarse de una manera responsable. Además, la disponibilidad de maderas duras europeas y norteamericanas proporciona amplias posibilidades de elección, sin necesidad de recurrir a maderas tropicales. Algunas empresas tratan estas maderas menos duras para que parezcan tropicales.

Cada tipo de madera tiene características propias en el veteado y en el color, así como en las sensaciones que transmite o incluso en el aroma que desprende, y son esas diferencias las que determinarán qué madera debe usar. El roble y el haya tienen las vetas irregulares, mientras que el fresno y el olmo lucen vetas largas y onduladas. Algunos pinos presentan sobre la madera clara nudos oscuros. Un buen número de maderas más abundantes están agrupadas según color, nudos y vetas. El haya, por ejemplo, se encuentra en tonos claros, normales e intensos, este último tiene muchos nudos y es el menos caro. También se encuentra roble de muchos tipos.

Las maderas duras de tonos claros, como el haya europea, el plátano, el roble blanco americano y el abedul, o las maderas blandas también claras como el abeto de Noruega o el abeto blanco, aportarán luz a una habitación a la vez que proporcionarán un fondo neutro para muebles llamativos y alfombras llenas de color. Más amarillas aunque todavía claras son otras maderas blandas, como el pino albar (madera roja europea), pino blanco occidental y pinabete occidental, o maderas duras como el fresno o el arce. Si quiere un tono naranja rojizo, elija el roble americano, el alerce, el cerezo o el pino de Oregón; maderas de un marrón medio más vivo incluyen el roble inglés y el olmo, que darán una sensación menos severa y más cálida. Los robles oscuros, los nogales o las maderas tropicales son tradicionalmente más duros y soportarán mejor los arañazos y el uso.

Recuerde que todas las maderas, sobre todo las más claras y las blandas, se oscurecen con el tiempo y se tornan más amarillas. Dentro de cada especie, el veteado variará considerablemente, no sólo de un árbol a otro sino también según se corte la madera. Por lo tanto, es vital ver muestras de la madera que piensa utilizar.

Producción de madera

Si está decidiendo el tipo de madera que quiere utilizar en sus suelos, es útil conocer algunas cosas sobre las fases de producción que afectan al acabado de ésta. El tronco se tala, se corta en grandes segmentos, que se secan y después se cortan en segmentos más pequeños para usos específicos. Los troncos se pueden cortar de dos formas llamadas «serrado recto» o «serrado en cuartos».

Aunque el serrado recto produce tablas grandes, debido a la anchura de éstas es probable que se alabeen al secarse. El serrado en cuartos proporciona unas tablas más estrechas, de mejor calidad, pero con más desperdicio y, por ello, más caras.

El secado o «curado» es otra etapa crucial en la producción maderera. Las células de los árboles recién cortados están llenas de savia líquida que debe evaporarse antes de que la madera se pueda utilizar. Tradicionalmente, la madera se dejaba secar lentamente hasta alcanzar un nivel de humedad constante, pero este proceso, lento y costoso, ha sido remplazado por la utilización de grandes hornos. Éstos secan la madera rápidamente, pero pueden provocar que se resquebraje o se combe, sobre todo cuando se trata de maderas duras. La madera empleada en edificios debe tener un grado de humedad concreto y debe ser protegida contra ésta en el momento de su colocación. La madera suministrada por empresas especializadas en suelos debe tener el grado de humedad correcto, haya sido sellada o no. Es esencial que antes de ser instaladas, las tablas se dejen en el lugar en que serán ubicadas, durante una semana como mínimo, para que se equilibre su grado de humedad. En el pasado, como no era posible hacer mediciones precisas del grado de humedad, los suelos se clavaban provisionalmente durante un año y se instalaban definitivamente pasado ese tiempo; este procedimiento hoy ya no es necesario.

Una vez seca, la estructura celular permanece relativamente porosa, por lo que la madera absorberá o expulsará humedad cuando las condiciones ambientales cambien, lo que provoca contracciones y dilataciones. Esto debe tenerse en cuenta y dejar espacio entre las juntas para que la madera «respire». Sin embargo, y pese a estar bien aireada, la madera podría moverse después de instalada: las tablas machihembradas tienen la ventaja de que aunque se contraigan, los huecos quedarán unidos por la lengüeta. Los suelos de tablas compuestas de listones de madera dura serán mucho más estables, pues han sido preparados, almacenados y normalmente sellados con el grado correcto de humedad.

DE ARRIBA ABAJO *Iroco, teca, caoba (que debería adquirirse de fuentes reguladas) y roble rojo americano.*

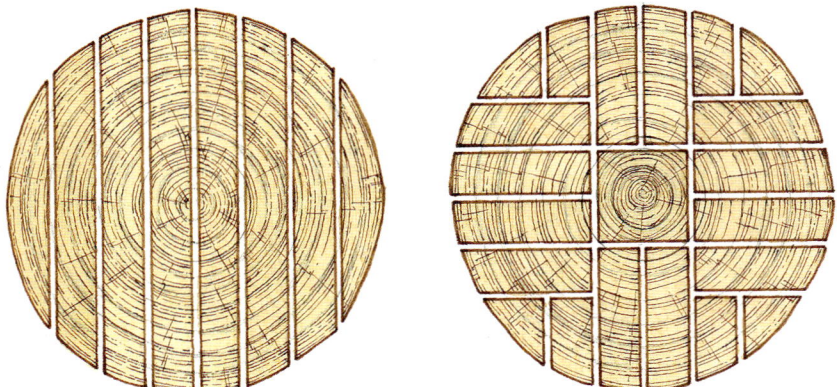

ARRIBA *La sección del tronco muestra el serrado recto y el serrado en cuartos de la madera.*

Suelos estructurales

Hay dos tipos fundamentales de suelos de madera: suelos estructurales, en los que las tablas descansan sobre viguetas o rastreles, y los revestimientos de madera, que consisten en una madera más fina sobre un suelo estructural. Los suelos estructurales forman parte del edificio, y en la mayoría de casos se los encontrará en las casas o apartamentos a los que usted vaya a vivir. No obstante, si realiza reformas o si construye de nuevo, puede querer remplazar el suelo estructural.

Las piezas que componen la mayoría de suelos de madera se conocen como tablas o listones, según su anchura. Los listones tienen una anchura de menos de 10 cm, mientras que las tablas son más anchas. Algunos suelos de maderas duras se realizan con tablas compuestas de unos 15 cm o incluso más anchas, hechas de pequeñas piezas, normalmente cortas y de 5 cm de ancho, conocidas como dedos. En suelos estructurales se suelen utilizar tablas, aunque también se utilizan listones de madera dura. La solera de muchas casas modernas está formada por conglomerado (véase pág. 91), debido a que no es caro y queda oculto bajo el revestimiento.

Las tablas de madera blanda se encuentran en modelos estándar de 10 cm, 12,5 cm o 15 cm de anchura, pero pueden conseguirse más anchas. Al proceder de árboles más altos y rectos que las tablas de maderas duras, se pueden cortar en piezas muy largas, llegando a los 5 m. Cuando coloque tablas estructurales, asegúrese de que tengan el grosor suficiente para cubrir los espacios entre las viguetas sin doblarse. En la mayoría de los casos esto supondrá un grosor de 20 o 25 mm, aunque sería preferible consultarlo con su arquitecto o supervisor de la obra. Las tablas recorrerán la habitación perpendicularmente a las viguetas, que normalmente cubren el lado estrecho de la habitación.

Si lleva a cabo reformas profundas, deberá remplazar las tablas dañadas. Para asegurarse de que son iguales extraiga una pieza del suelo, púlala bien para recuperar su veteado y color original, y entréguesela a su proveedor. La sustitución no siempre será idéntica, pero ello otorgará personalidad al suelo. Aunque muchos suelos estructurales de casas antiguas están hechos de madera blanda, si lo desea, es factible remplazarla por madera dura.

Los suelos de tablas anchas de madera dura son generalmente caros, pero son impactantes, sobre todo en habitaciones grandes. Recuerde que la anchura del árbol determina la de las tablas, y no todas las maderas están disponibles en todas las anchuras (véase tabla de la pág. 183). Las tablas anchas deben extraerse de maderas de alta calidad, pues las de mala calidad se doblarán o combarán. Es posible encontrar madera blanda de cierta anchura de segunda mano, aunque es generalmente más cara que la madera dura nueva porque ha de trabajarse de nuevo y prepararse. Sin embargo, la calidad, color, pátina y aspecto general serán llamativos.

Es preferible acuchillar el suelo existente que instalar uno nuevo. Las tablas no necesitan estar en condiciones óptimas y al pulir se ahorrará realizar la modificación de umbrales que exigiría un cambio del nivel. A menos que instale calefacción, cualquier dilatación o movimiento de la madera ya se habrá producido con anterioridad. Las tablas estropeadas se pueden cortar y es posible rellenar los huecos formando una vistosa mezcla de maderas. Rellene los huecos grandes con una masilla de resina epoxídica para madera del color apropiado o con tiras de madera (véase pág. 169). Realice esta operación después

ARRIBA *Lijando el suelo en el orden correcto conseguirá reducir las marcas del propio lijado. Empiece lijando en diagonal para alisar las irregularidades, y hágalo solamente en perpendicular a las vetas si todavía quedan irregularidades tras el lijado en diagonal; cuantas más pasadas haga perpendiculares o en diagonal a las vetas, más difícil será dejarlo liso y sin marcas. Es preferible repetir el proceso antes que lijar con más intensidad. Una vez el suelo esté liso, lije en la dirección de las vetas de la madera. Deje para el final el lijado de los contornos de la habitación.*

del primer lijado pero antes del definitivo, y asegúrese de que los huecos no tengan suciedad que impida la adherencia. En suelos con marcas profundas serán necesarios tres o cuatro lijados, incrementando cada vez la finura de la lija. Contratar a una casa especializada en pulimentos es una manera muy económica de conseguir suelos llamativos. Pulir y barnizar, o incluso decorar los suelos ya existentes, son excelentes maneras de convertir un suelo viejo y gastado en algo especial.

ARRIBA *En este apartamento, las tablas de la tarima presentan su aspecto original, complementándose con la madera desnuda de puertas y ventanas. Las tablas, al atravesar el espacio hacia la otra habitación, proporcionan una sensación de mayor espacio en este interior perfectamente ordenado.*

ARRIBA *Este suelo* jarrah *proviene de la forma imaginativa en que estas viejas tablas han sido reutilizadas. Los paneles están hechos con tablas cortas colocadas en una estructura de metal, disponiéndolas en direcciones opuestas como si se tratase de baldosas de parqué.*

ARRIBA *Típico revestimiento de madera consistente en paneles machihembrados, generalmente de 9, 12 o 18 mm de grosor, que descansa sobre una base flexible de corcho o espuma y sobre una solera de madera u hormigón.*

PÁGINA SIGUIENTE *Esta bella tarima de tablas de madera pulida sin veteado y de anchuras alternas presenta unas junturas grandes y con clara forma de V. Esta disposición permite ver cada una de las tablas como elementos individuales y es además consecuente con la claridad de un interior en el que cada superficie tiene un significado. Las esteras del tatami situadas al nivel de la tarima ponen el mismo énfasis en las líneas.*

Revestimientos de madera

Los revestimientos de madera pueden colocarse sobre suelos de madera ya existentes o sobre hormigón. La gama de revestimientos es muy extensa, e incluye muchos sistemas y tipos de listones que pueden colocarse sobre toda clase de soleras, como los bloques de madera, parqués y parqués mosaicos. Algunos sistemas consisten en tablas compuestas de una capa delgada de madera sobre una base de conglomerado o similar, a veces también con un fondo de corcho. Estos suelos son más cálidos, menos ruidosos y más agradables que las tarimas sólidas, aunque pueden dar la sensación de estar caminando sobre un «falso» suelo.

Estos revestimientos son muy apropiados para los suelos flotantes de madera, como los que hay en los pisos superiores de una casa, pues son relativamente ligeros y flexibles, lo que les permite adaptarse a cualquier desnivel del suelo. La madera blanda no se utiliza en estos casos por no ser suficientemente fuerte.

Los revestimientos tanto de tablas como de listones se encuentran en láminas lijadas y barnizadas, a un precio muy económico. Se presentan con anchuras de 10, 15 o 20 cm, tienen una longitud de 120 o 150 cm y se encuentran con grosores de 6, 9, 12 o 15 mm. No son tan delgados como el linóleo o el corcho, pero su grosor no es mucho mayor que el de las alfombras. Los laterales, y a veces también los extremos, están machihembrados para ensamblar las piezas.

Los suelos flotantes se colocan sin amarrar sobre una capa flexible de espuma o de corcho delgado, y se unen mediante un sistema de clips que encajan en ranuras situadas en la base de las placas, o bien éstas son pegadas entre sí, formando una sola pieza del tamaño de la habitación, que normalmente no queda fijada al suelo subyacente. Sin embargo, en suelos de hormigón y allá donde la altura lo permita, puede colocarse sobre listones de madera anclados al suelo. Éstos son generalmente de 5 cm de ancho y 15, 19 o 25 mm de grosor. Una de sus ventajas es que el espacio entre los listones puede rellenarse con fibras para obtener mayor aislamiento, además de poder pasar cableado eléctrico y tubos.

Estos suelos pueden ser colocados por un aficionado con algo de pericia y paciencia. Antes de colocarlos, deberá preparar adecuadamente el suelo existente (véanse págs. 169-172) y prever el grosor adicional en puertas, escaleras, marcos y zócalos. Es especialmente importante darse cuenta de que allí donde se junte la tabla de madera con el último o el primer escalón de la escalera la altura habrá variado, lo cual puede representar un peligro.

Los revestimientos de madera de todos los tipos se entregan con dos o tres capas protectoras aplicadas en fábrica, aunque algunos fabricantes recomiendan una o dos capas más de su selladora una vez que el suelo está instalado. Es muy importante que utilice la selladora recomendada porque así estará seguro de que es compatible con el acabado original. Añada una capa más de selladora para aumentar la resistencia al agua si se trata del suelo de una cocina o de un baño. En áreas en que el agua se puede encharcar, es mejor evitar este tipo de suelos.

ARRIBA *Este suelo de fuertes características
está hecho con listones de madera dura con
vetas muy marcadas, que ha sido teñida para
emular el aspecto de la oscura madera
tropical, lo cual es mejor que utilizar este
tipo de madera en peligro de extinción. Los
colores del suelo armonizan con la variedad
de colores de los muebles.*

IZQUIERDA *Este suelo poco corriente es de
listones de madera que a su vez están hechos
con tablillas atravesadas más cortas de
distintas maderas. El efecto es el de una gran
variedad de colores dentro de la disciplina de
las tablas largas.*

PÁGINA SIGUIENTE *En este apartamento
parisino, el suelo de anchos paneles está
formado por listones cortos de madera
de color marrón rojizo que consiguen un
atractivo contraste con la rigurosidad
del mobiliario en vidrio y metal.*

Parqué y parqué mosaico

Los suelos de parqué suelen consistir en pequeños bloques de madera dura, de entre 20 y 30 mm de grosor, dispuestos formando diversos dibujos y diseños geométricos. Tradicionalmente, se colocaban como ladrillos en dibujos de punto de espiga siguiendo la dirección de paso de la habitación, con un ribete recto alrededor del perímetro de la estancia. Sin embargo, piezas con diversas formas pueden usarse para crear diseños de cestería o dibujos más complicados (véanse págs. 12-13). Antes, solían colocarse con masilla caliente o betún natural, pero el actual APV u otros adhesivos similares son más prácticos e imitan el color de la madera. Los adhesivos de contacto no son recomendables debido a que las piezas han de ser apretadas firmemente las unas contra las otras. Colocar un suelo de parqué nuevo requiere bastante habilidad y oficio, y además es caro. No obstante, algunas empresas especializadas comercializan paneles prefabricados en forma de cuadrados de 30 o 45 cm. Suelen tener entre 6 y 14 mm de grosor, son bastante más delgados que los bloques tradicionales, y se presentan en una gran diversidad de maderas. Para reducir costes, puede utilizar bloques más grandes y así crear diseños en un espacio mayor, o restringir los dibujos a un área central.

También es posible comprar bloques de madera restaurada, aunque esto conlleva ciertos problemas. Deberá comprobar que no quedan restos de adhesivo, y que el adhesivo que usted quiere utilizar es compatible con el suelo original. Recuerde también que el parqué restaurado estará gastado, con lo cual no podrá hacer que las piezas encajen sin generar desperdicios. Las irregularidades pequeñas podrán ser igualadas con un acuchillado, el cual suele hacerse, en cualquier madera restaurada, después de colocar todo el suelo.

El parqué mosaico es una versión a gran escala de la marquetería. En él se da forma a piezas individuales de madera que se colocan en el suelo por profesionales muy cualificados formando esmerados dibujos. Hoy en día, el parqué mosaico, al igual que el parqué, es más asequible cuando se adquieren los distintos dibujos en unidades prefabricadas. Si está pensando poner un parqué mosaico, es importante asegurarse de que el diseño se complementa con la decoración de la habitación. Los exuberantes y complejos dibujos del parqué mosaico se adaptan mejor a habitaciones grandes y corredores, donde su belleza puede ser plenamente apreciada. Descubrimientos recientes en técnicas de corte con láser han reducido radicalmente el coste de estos suelos.

ABAJO *Es posible conseguir innumerables diseños utilizando mosaicos de parqué. En este caso, el artista ha dispuesto las vetas de la madera de forma que irradien el resplandor de la estrella.*

PÁGINA ANTERIOR *En este exquisito suelo de parqué, la delicada geometría del diseño y el tono suave de la madera decolorada complementan la sensación de naturalidad creada por el intenso veteado y las juntas visibles.*

DERECHA *La llamativa presencia de las vetas de estas tablas de roble contrasta con el inexpresivo color liso de las cenefas. Las líneas oscuras de las cenefas suelen hacerse con ébano, pero puede conseguirse el mismo efecto tiñendo la madera.*

Contrachapados y conglomerados

Algunos de los suelos más económicos y con más estilo pueden crearse con maderas compuestas, como el contrachapado y el conglomerado, que se elaboran a partir de diferentes clases de maderas blandas. El contrachapado consiste en tres o más capas finas de madera pegadas a gran presión, con las vetas de cada capa en perpendicular con las de la madera contigua. Su fuerza y firmeza lo hace ideal para suelos. El contrachapado se encuentra cubierto con capas exteriores de madera de muchos tipos, y puede ser de un grosor entre 4 y 18 mm, dependiendo del número de capas de que se componga. Se presenta en paneles de tamaños estándar de 1,2 × 2,4 m o 1,5 × 3 m, aunque se pueden encargar a medida. Por ejemplo, puede interesarle adquirir cuadrados de 60 cm para colocarlos con las vetas en direcciones alternas y crear así un delicado diseño de damero.

El conglomerado se fabrica con astillas de madera blanda unidas con pegamento o resina, calentadas y prensadas. Existe conglomerado especial para suelos, el cual es más denso y tiene un acabado más liso que el normal. Muchas casas nuevas tienen soleras hechas de paneles de conglomerado. Éstos se presentan en una diversidad de tamaños, siendo los más comunes de 0,6 × 2,4 m, 1,2 × 2,4 m y cuadrados de 1,2 m de lado. El conglomerado se degrada rápidamente con la humedad, por ello, para baños y cocinas es preferible utilizar aquellos que son resistentes al agua. Son una solución económica si quiere pintarlos y, además admiten bien el color.

Un tipo de revestimiento delgado, especialmente resistente y económico, es la plancha de fibra de madera. Igual que el conglomerado, se hace pegando serrín y astillas con adhesivo o resina. Se comercializa tanto en acabado normal como templado con aceite para hacerlo impermeable. Disponible en grosores de 4 y 6 mm, tiene un llamativo color marrón, disimula bien las manchas y puede pulirse para conseguir un acabado brillante. Es posible también pintarlo o estarcirlo.

Los contrachapados y las planchas de fibra de madera pueden ser colocados sobre otros suelos y se utilizan a menudo para cubrir tablas estropeadas y proporcionar una superficie uniforme sobre la que colocar laminados, cerámicas o alfombras. Este tipo de madera no debería ser de un grosor superior a 6 mm, de manera que sea lo suficientemente flexible para adaptarse al subsuelo al que está clavado. Como el conglomerado más delgado tiene unos 12 mm de grosor, éste no resulta apropiado.

Ha habido cierta controversia medioambiental acerca de la madera compuesta y las tablas de fibras porque la mayoría de fabricantes utilizaba hasta hace poco colas con formaldehído y otras sustancias tóxicas. Sin embargo, actualmente algunos proveedores venden conglomerado sin formaldehído.

Para conseguir un aspecto unitario a un coste relativamente bajo puede usar, como en esta cocina, contrachapados los cuales sirven tanto para el suelo como para el exterior de los armarios a medida y de las superficies de trabajo. Los grandes rectángulos de madera de vetas regulares son elementos simples y luminosos, y forman parte de un diseño en el que cada elemento de la habitación juega su papel en el estilo general de la decoración. El suelo plano, liso y discreto constituye un fondo cálido y armonioso en el que encuadrar el mobiliario de metal práctico y preciso.

Blanqueado, aclarado y teñido

Los suelos de madera pueden aclararse utilizando blanqueadores o aplicándoles cal. Un blanqueador apropiado para madera la dejará casi blanca, lo que es muy útil si piensa teñir madera sin tratar ya que el color natural de la madera podría distorsionar el tono que quiera obtener. No obstante, utilice el blanqueador con cuidado si desea mantener algo del color natural.

La técnica de aplicar cal se desarrolló originalmente con maderas duras, como el roble, pero hoy en día también se considera adecuada para otras maderas. Empiece rascando la madera con un estropajo de acero en la dirección de la veta. Después, frótela con pigmento blanco. Para maderas blandas y haya, es mejor emplear pintura blanca fina; en maderas menos absorbentes podrá elegir entre pinturas, témperas, yeso o cera de encalar. Al secarse, la madera tratada con cera de encalar sólo precisa ser pulida, mientras que si es blanqueada con otros pigmentos deberá ser sellada con barniz o cera.

Los tintes se aplican directamente sobre la madera sin tratar y están disponibles en una amplia gama de tonos que imitan el color de la madera natural, y también en colores brillantes o apagados. Los tintes al aceite suelen conseguir acabados más uniformes, mientras que los productos al agua, al tener menor consistencia, requieren varias capas. El tinte penetra fácilmente, pero también se seca muy rápido, por lo que debe aplicarse sobre zonas pequeñas. Si decide emplear tintes para madera, es especialmente importante comenzar con las superficies más lisas pues las más abruptas absorben más tinte y tienden a quedar más oscuras. Después tendrá que lijar la madera con sumo cuidado. Coloreando un dibujo geométrico, como cuadrados o diamantes, con tintes que imiten distintas maderas (por ejemplo, marrón rojizo caoba junto a roble claro o pino), puede conseguirse un efecto de parqué mosaico muy atractivo. Para que el acabado sea más realista y para mantener los contornos limpios, trace líneas de separación con un cuchillo afilado. Los suelos teñidos pueden ser barnizados o encerados, siempre que la selladora sea compatible con el tinte.

Pintura

La pintura, más que cualquier otra técnica, ofrece numerosas posibilidades para utilizar el color y el diseño de una forma imaginativa. El uso de pinturas para decorar suelos era una práctica común siglos atrás, en especial para imitar la piedra y para decorar madera natural, y últimamente ha experimentado un renacer con la expansión de las tiendas de bricolaje. La pintura se puede aplicar sobre maderas blandas, conglomerados y tablas de fibras, así como sobre cemento. Pueden emplearse distintas técnicas, incluyendo el estarcido y el arrastre, el envejecido y el marmoleado. En suelos de madera puede combinar un fondo teñido con decoración pintada. Los suelos pintados o teñidos pueden ser considerablemente más económicos que otros tipos de recubrimientos, incluso cuando son realizados por un decorador profesional, y no tiene que extenderlos necesariamente a toda la habitación. Por ejemplo, conseguirá un efecto tradicional pintando el área circundante de una alfombra.

La pintura permite conseguir innumerables acabados, desde baños con colores pálidos, que realzan las vetas, hasta colores opacos, que pueden ocultarlas

ARRIBA *Este suelo de tablas estrechas teñidas de gris combina con las tablas anchas de color natural de las paredes, consiguiendo la sencilla calidez de los típicos diseños escandinavos. El tinte ha sido escasamente aplicado sobre el suelo, de forma que el cálido tono y la veta de la madera quedan a la vista.*

PÁGINA ANTERIOR *La fuerza y la personalidad de este suelo de parqué de roble del siglo XIX proceden de la geometría simple y atrevida de las piezas. El diseño queda realzado por las juntas visibles entre los tablones. Para conseguir este tipo de aspecto, puede utilizarse madera restaurada pero, como las tablas viejas a menudo están dañadas, cortarlas puede ser una buena solución para recuperarlas.*

más o menos. Una superficie opaca puede adornarse con sencillos dibujos repetidos o con elaborados diseños de gran tamaño. Los principios básicos en el diseño de suelos, abordados en las páginas 11-24, son también válidos para los diseños con pintura. Por ejemplo, en habitaciones con pocos muebles o en aquellas en que el uso es específico e invariable, como baños o recibidores, un diseño atrevido puede resultar atractivo. Sin embargo, en la mayoría de los casos conviene evitar crear suelos tan llamativos que dominen otros elementos de la habitación. En general, la pintura funciona mejor como fondo liso para alfombras o cuando se trata de simples dibujos repetidos, como dameros o grandes cuadrados, ya sea en toda la habitación o formando cenefas.

Aunque la pintura ocultará todo tipo de imperfecciones, una preparación adecuada es siempre aconsejable para que el acabado sea duradero. Empiece reparando los desperfectos más importantes y clavando o serrando las tablas sueltas (véanse págs. 169-170). Elimine los restos de barniz viejo y aplique decapante para madera y alcohol metílico. Luego, lije el suelo, ya sea a mano sobre áreas pequeñas o con una máquina en toda la superficie. No es necesario eliminar toda la pintura antigua siempre que ésta mantenga su consistencia, aunque si anteriormente había colores oscuros será difícil cubrirlos con tonos claros.

Cuando el suelo existente esté en malas condiciones, debería taparlo totalmente ya sea con un pavimento de madera de fibras, que puede pintarse, o bien pintando piezas individualmente y colocándolas como un parqué. Las juntas de las tablas pueden incorporarse al diseño para que se noten menos. Por ejemplo, cuadrados de 60 cm son fáciles de manejar y pueden pintarse en dos colores diferentes para lograr un económico diseño de damero.

Para pintar fondos lisos, primero aplique selladora para madera y luego dos manos de pintura. Iguale el color al del acabado final pero procure que no sea idéntico, de forma que cualquier trozo que haya quedado sin pintar en la segunda mano sea inmediatamente aparente. Planifique la tarea de manera que trabaje de dentro hacia la puerta. Como probablemente le dará una capa de barniz a toda la superficie, no es necesario utilizar pintura brillante en la última capa de color. Las pinturas mates al aceite, o incluso las pinturas vinílicas mates, son mucho más fáciles de aplicar. Lo ideal sería que los motivos o dibujos fuesen pintados con pintura mate. Es útil esbozar primero el dibujo con un pincel pequeño y posteriormente rellenar el interior con otro mayor. Los estarcidos son prácticos para repetir motivos, pero solamente funcionan bien sobre suelos relativamente lisos, aunque los estarcidos hechos en piezas cuadradas de madera dura colocadas como baldosas ofrecen una estupenda oportunidad para crear diseños coloristas. Si es más atrevido, puede usar técnicas de pintura que imitan las vetas de la madera o el mármol para hacer diseños y dibujos más sofisticados.

Una vez seco, un suelo pintado debería cubrirse con al menos tres capas de un barniz que sea compatible, y cinco capas de éste en zonas de mucho paso.

PÁGINA ANTERIOR *La madera pintada, el diseño sencillo y el uso restringido de detalles son típicos del estilo decorativo sueco. Los colores amarillos y azules apagados del suelo complementan los tonos suaves de las paredes, mobiliario y elementos de madera. Se ha creado un diseño de damero decolorando la madera. Una pintura gruesa taparía la textura de la madera pero, si se aplican una o dos capas de emulsión muy diluida (látex), se consigue que la pintura funcione como un tinte, permitiendo que el veteado natural de la madera se transparente.*

ABAJO *El efecto de trampantojo en este suelo de madera evoca una formación de bloques tumbados vistos en perspectiva. Desarrollado inicialmente por los romanos y recuperado y ampliamente utilizado por los fabricantes de colchas de patchwork americanos del siglo XIX, el efecto óptico depende en gran medida de los delicados colores utilizados para representar las sombras y la luz a ambos lados del bloque. Las líneas fueron trazadas en primer lugar con un azul oscuro, para después colorear concienzudamente los bloques en tonos tierra.*

Sellado y protección

Todo suelo de madera que no incorpore un acabado deberá sellarse para protegerlo de la suciedad, la decoloración y la humedad. Puede aplicarse selladora transparente a la madera sin tratar o a aquella que haya sido pintada o teñida, si bien la misma selladora puede ser teñida para añadir color al suelo. Hay tres tipos básicos de selladores: ceras, aceites y barnices. Todos ellos se aplican una vez el suelo ha sido instalado.

Aunque la menos práctica, la cera es la más bonita de las tres opciones: nada puede imitar el cálido lustre de un suelo encerado. Tradicionalmente, se empleaba una mezcla de cera de abeja y trementina, pero ésta no es resistente al agua, al alcohol ni al uso diario. Hoy en día, es posible conseguir ceras naturales muy resistentes especiales para suelos, normalmente obtenidas de las hojas de la palmera de Brasil. Hay también un gran número de excelentes ceras sintéticas que son derivados de la industria petroquímica. Deberá aplicar una nueva capa de cera en todo el suelo unas tres veces al año, pudiendo reparar cualquier desperfecto si añade más capas y lo pule con regularidad. Para prevenir que las continuas capas de cera sean absorbidas por la madera, aplique una fina capa de barniz de poliuretano o pulimento en pastillas y déjelo secar antes de aplicar una fina capa de cera con un trapo suave.

ABAJO *El elaborado diseño realizado a partir de las vetas de este parqué ha sido intensamente pulido para protegerlo de rozaduras y otro tipo de daños; es el complemento perfecto para este mueble de gran calidad e ideal para un vestidor.*

El sellador al aceite tiene la ventaja de que se aplica con facilidad y que es impermeable por naturaleza. Deberá aplicar tres o cuatro capas para sellar por completo la madera sin tratar, y quizás una capa más de cera para proteger la superficie acabada del uso. El aceite de palo, derivado de las semillas del árbol chino Tung, es extraordinariamente resistente al calor, al agua y al alcohol, y uno de los componentes principales de muchas selladoras al aceite. En su estado original, cada capa tardará unos cuatro días en secarse. El aceite danés, mezcla de aceite de palo, secantes y otros productos, tarda en secarse entre dos y cuatro horas y es especialmente resistente. El aceite de teca también se elabora con aceite de palo pero se le añade aceite de linaza hervido, lo que proporciona al acabado del suelo un color más oscuro.

Los barnices originariamente se fabricaban con aceite de linaza hervido y resinas naturales. Pero aunque eran duros y resistentes, tardaban cerca de tres días en secarse, durante los cuales la suciedad y el polvo podían arruinar su superficie pegajosa. Esto ha sido superado con compuestos de uretano de secado rápido producidos por la industria petroquímica, los cuales todavía se conocen como barnices.

Los primeros barnices de poliuretano no eran flexibles y no resistían el movimiento de la madera, por lo que se agrietaban y rompían. Sin embargo, los modernos barnices acrílicos al agua de uretano son flexibles, incoloros y resistentes al calor, a la suciedad y al agua, convirtiéndolos en ideales para cualquier lugar. En general, tres capas serán suficientes para proteger la madera de un uso normal, y una capa más para cocinas y baños. El barniz de poliuretano brillante o semibrillante consigue superficies fuertes, mientras que el acabado mate es menos duradero.

El poliuretano es más fácil de aplicar cuando está diluido, pero las capas sucesivas deberán ser cada vez más espesas. Para lograr un buen acabado, deje secar cada capa por completo y después líjela suavemente antes de aplicar la siguiente. Para un sellado extremadamente duradero, existen barnices compuestos de dos productos que deben usarse después de haberse mezclado durante unas horas. Cuando aplique cualquier barniz, es fundamental utilizar una mascarilla y asegurarse de que la habitación está bien ventilada y sin polvo. Los suelos tratados con poliuretano son fáciles de limpiar con un trapo húmedo pero, una vez la superficie se ha desgastado, no hay más remedio que lijar todo el suelo y aplicar una nueva capa.

Un tipo de barniz muy brillante, la laca, es más resistente que el poliuretano aunque también más cara. El acabado en laca se realiza superponiendo capas sucesivas de barniz translúcido, que puede ser teñido en una amplia gama de colores. Una ventaja de la laca es que cuando se seca se asienta como una capa uniforme sin marcas de brochas.

Si ha escogido un suelo ya lijado y sellado, sólo tendrá que aplicar una única capa del producto recomendado por el fabricante después de colocarlo, pero no necesitará renovar el sellado durante años. Sea cual sea la selladora que utilice, pruebe siempre primero el producto sobre un área pequeña o en una muestra de la misma madera y espere a que se seque; hágalo incluso para probar productos que piense utilizar en el futuro. Los fabricantes más reputados comercializan una gama de colores, barnices y tintes apropiados para su madera. Evite aquellos productos con más de un año de antigüedad.

ABAJO *Si está bien sellada, no hay razón alguna por la cual no pueda emplearse madera en zonas húmedas. En este caso, las anchas tablas de madera proporcionan grandeza al espacio, subrayada además por la amplitud que hay alrededor de esta pila independiente.*

ALFOMBRAS Y MOQUETAS

El momento de desplegar una alfombra conlleva una inmensa satisfacción. El ruido de la construcción ha cesado, el polvo ha desaparecido y la pintura está seca. Ha llegado la hora de habitar su casa. La magia de las alfombras funciona en todos los sentidos, las habitaciones se vuelven silenciosas y cálidas, y atraen su mirada hacia el suelo. Si el color elegido está en armonía con las paredes, la decoración y las alfombras crearán un entorno integrado y satisfactorio.

Cuando hablamos de moquetas y alfombras diferenciamos entre aquellas que cubren grandes superficies y que pueden ser recortadas para adaptarse a distintos espacios, y aquellas otras piezas sueltas cuyo tamaño y diseño viene determinado por el fabricante. La historia de estos dos tipos de recubrimientos puede resumirse en una, ya que sus técnicas de producción proceden en ambos casos de los primeros tejedores de alfombras. Antes de decidir si prefiere moqueta o alfombra, debería pensar detenidamente sobre el estilo de los muebles y el tipo de suelo que hay en la casa. En general, la moqueta ofrece muchas ventajas además de una excelente relación precio-calidad. Oculta los suelos de poca categoría y, cuando se combina con una base, proporciona un tacto blando y una sensación de lujo al tiempo que aíslan de los ruidos; por otro lado, funcionan como un excelente aislante sobre aquellos tablones del suelo que no encajan bien, habiéndose comprobado que reducen el consumo de calefacción entre un 8,5 y un 12,5 %. Las moquetas lisas proporcionan, además, un fondo único en toda una casa o apartamento y hacen que un espacio pequeño parezca más grande.

Las alfombras sugieren la idea de lujo y sofisticación, tanto si adquiere piezas orientales antiguas, como si se trata de piezas modernas producidas industrialmente o de *dhurries*. Aportan calidez y puede encontrarlas en un amplio abanico de colores, diseños y formas, sin olvidar que las hay de todos los precios. Las alfombras permiten expresar su individualidad y ofrecen mucha flexibilidad a la hora de cambiar el tipo de muebles sin necesidad de remplazar todas las alfombras. La más simple de las alfombras dará importancia a una chimenea, si atraviesa una puerta unirá el espacio con la habitación contigua, y si se trata de una alfombra brillante aportará claridad a un rincón oscuro. A diferencia de la moqueta, las alfombras se las podrá llevar si se muda de casa, y si son piezas antiguas pueden ser intercambiadas en lugares especializados.

Las alfombras se han utilizado para cubrir suelos en todo el mundo desde tiempo inmemorial. Ya en grabados asirios del siglo VIII a.C. aparecen alfombras

El kilim rojo colocado en el pasillo funciona como una invitación para entrar en el salón. La alfombra de detrás, junto con la sucesión de puertas, aumenta el sentido de progresión. La pintura verde y gris del zócalo y los arquitrabes combinan con los tonos cálidos del kilim.

ARRIBA *Existe una gran variedad de alfombras gruesas de lana diseñadas por artistas modernos que pueden utilizarse como elemento central de cualquier habitación. Este impresionante diseño es del pintor suizo Paul Klee.*

PÁGINA SIGUIENTE *Este escultórico interior, con su techo, puertas y paredes blancas, precisa de algo que amortigüe la dureza del suelo. Los dibujos en azul oscuro y blanco del kilim son lo suficientemente llamativos y geométricos para el lugar; esta pieza presenta los característicos bordes escalonados de los bloques de color de las alfombras de tejido plano.*

representadas; la muestra más antigua que ha perdurado hasta nuestros días es un cuadrado de lana, datado alrededor del año 2500 a.C., con cabezas de felino bordadas y hallado en el sur de Rusia. Aunque en el siglo II d.C. la producción de alfombras de mechones anudados con dibujos o con motivos bordados estaba muy extendida en muchas zonas de Asia, no fue hasta la Edad Media que alfombras de esas regiones pudieron verse en Europa en mayor cantidad. En el siglo XV, las llamadas alfombras turcas adornaban muchos interiores, y la demanda de los clientes europeos estimuló el crecimiento de talleres en Persia, el Cáucaso y Egipto.

Durante los siguientes doscientos o trescientos años, se desarrolló en Bélgica, Francia y Polonia la producción de alfombras. La industria inglesa arranca en el siglo XVIII, cuando los tejedores hugonotes organizaron la producción en Londres, Axminster, Wilton y Kidderminster, donde había abundante suministro de lana de buena calidad y agua limpia para el lavado y teñido del hilo. En 1745, tuvo lugar un importante avance tecnológico cuando el fabricante francés Jacquard introdujo un sistema automatizado para la selección del color, lo que facilitó la creación de diseños complejos y permitió que las alfombras se hiciesen a medida para grandes casas aristocráticas. Al principio, los diseños eran de inspiración oriental, pero pronto se desarrolló un estilo más europeo, con motivos y cenefas de inspiración clásica.

En 1841 se desarrollaron en Boston los telares mecánicos, los cuales revolucionaron la producción de alfombras y cuyo uso se extendió rápidamente, especialmente en Europa y Canadá. Las alfombras producidas industrialmente imitaban los diseños de las que se tejían manualmente, pero eran más baratas y asequibles. Cuando la industria occidental se expandió durante el siglo XIX, la producción manual de alfombras en Oriente en un primer momento decreció, pero posteriormente resurgió con el creciente interés de los occidentales por las artes orientales y por el sistema de tejido tradicional.

Cuando los artesanos europeos y americanos vieron las alfombras como un medio en el que poder desarrollar sus habilidades, diseñadores pioneros como los de la Bauhaus y otros como Eileen Gray, F. Lloyd-Wright y Marion Dorn convirtieron los revestimientos de suelos en un nuevo lenguaje, moderno y colorista. Al mismo tiempo, surgió en América una fascinación por el tejido navajo, lo que generó una industria de alfombras de llamativos diseños abstractos. En Oriente, se establecieron fábricas en Pakistán, la India y Turquía que producían diseños tradicionales de forma industrial. Alfombras económicas y llenas de color procedentes de todo el mundo hacen posible hoy en día una gran diversidad en la elección.

A partir de 1950, el descubrimiento de fibras sintéticas y de nuevas técnicas de fabricación consiguió abaratar la producción industrial de alfombras. El sueño de los ingleses y americanos de tener los suelos de las casas totalmente cubiertos por alfombras se hizo realidad. Las moquetas eran la única manera confortable y práctica de transformar un suelo frío en otro cálido, aunque las técnicas modernas de construcción y aislamiento han conseguido que los suelos duros ya no presenten esos problemas. La pasión actual por alfombras de todo tipo ha sido creada en parte por el diseño europeo, que ha subrayado la belleza de un suelo liso de madera, piedra o baldosa utilizando alfombras.

Tradicionalmente, las alfombras eran de mechones anudados o de tejido plano. Estos dos métodos básicos son todavía hoy el fundamento de muchos tejidos artesanales, y fue a partir de ellos que se desarrollaron las técnicas industriales.

Alfombras de tejido plano

También conocido como tapiz o *kilim*, la técnica de tejido plano es casi universal y se encuentra en América y Europa, y desde el Norte de África hasta la India. En este tipo de alfombras se utilizan dos hilos básicos, la trama y la urdimbre. La trama crea la superficie del tejido y el diseño. Se consiguen variaciones de color tejiendo franjas o bloques adyacentes de diferentes tonos, dejando pequeñas separaciones características entre los bloques de color, los cuales en ocasiones se cosen. El procedimiento de tejido plano se presta más a ser mecanizado que el de nudo, por ello en todo el mundo se fabrican *kilims* y alfombras de tejido plano hechas a máquina, sobre todo en México, Portugal, Marruecos, Turquía, la India y Pakistán, en una amplia gama de tamaños y colores.

Los *kilims* proceden de algunas de las mismas áreas geográficas que las alfombras de nudos, sobre todo de Asia Menor, y están hechos con los mismos tintes naturales, lanas y diseños regionales, pero se realizan con las técnicas de tejido plano, que son más básicas y menos lujosas. Estas alfombras robustas, a veces utilizadas para tapar animales y alforjas, se han popularizado al introducir cambios en los colores y adoptar un aire más moderno. Las figuras y los diseños florales son estilizados y los motivos son geométricos y atrevidos.

Los *dhurries* son alfombras de tejido plano de algodón originarias de la India, donde se usaban como base para alfombras más apreciadas, pero rápidamente se convirtieron en alfombras económicas y de gran colorido, incorporando motivos de otras culturas, sobre todo decoraciones persas, caucásicas o turcas. Se encuentran en muchos tamaños, aunque las más corrientes son de aproximadamente 120 × 80 cm, 180 × 100 cm y 240 × 150 cm. Los *dhurries* son más delgados y menos suntuosos que los *kilims*, no obstante, son más fáciles de lavar e ideales para corredores y cuartos de juego.

Las alfombras bordadas o de ganchillo presentan muchos dibujos y diseños. Dependiendo del material utilizado, pueden ser razonablemente resistentes aunque al ser más delgadas se suelen utilizar como tapices.

Las alfombras trenzadas se hacen con largas tiras entrelazadas, a menudo en círculos u óvalos. Se pueden tejer con hilos nuevos o con tiras de telas antiguas, y la superposición de capas consigue una textura gruesa y consistente.

En muchos países, las alfombras de trapo han sido tejidas por campesinos como una forma de reciclar telas. Estas alfombras de tejido plano se confeccionan con hilos de urdimbre entretejidos con una tira de la trama de la tela. Las alfombras de trapo se producen en cantidades industriales en muchos lugares, especialmente, Portugal, Grecia, y Escandinavia.

ARRIBA *El tejido plano o tipo* kilim *muestra la junta entre los bloques de color, lo que produce minúsculas hendiduras en la superficie y el característico dibujo escalonado.*

PÁGINA ANTERIOR *Esta alfombra de tejido plano escandinava presenta una sutilidad similar a la de la baldosa de la estufa antigua. La sencilla repetición de motivos, ampliamente separados en la superficie, y la textura de la alfombra tienen una cadencia pausada.*

ARRIBA, DERECHA *La geometría escalonada típica del tejido de los* kilims *es evidente en esta alfombra antigua.*

ABAJO, DERECHA *El diseño contemporáneo de esta alfombra de tejido plano debe parte de su belleza a las sutiles variaciones de tono producidas por las diferentes tintadas del algodón.*

Alfombras y moquetas anudadas

Las alfombras anudadas se encuentran en muchas partes del mundo, aunque las más selectas son quizá las de Oriente Medio. Tres tipos de hilo intervienen en la elaboración de estas alfombras: la urdimbre, la trama y el nudo. Primero, se atan los hilos de la urdimbre a lo largo del telar. Posteriormente se anudan, alrededor de la urdimbre y en filas, unos trozos cortos de hilo que son los que forman el pelo y que quedan sujetos por los hilos de la trama que van de lado a lado. Una vez tejida la alfombra, los hilos del pelo se cortan a una longitud uniforme. La calidad de la alfombra dependerá en gran medida de la densidad del pelo, que normalmente se expresa en nudos por centímetro cuadrado, y oscila entre los 4-8 nudos en las más vulgares hasta los 36-50 en las piezas más exquisitas. En las alfombras industriales, la calidad se expresa en términos de peso del pelo.

Las alfombras anudadas a mano originariamente presentaban diseños tradicionales que eran memorizados y que raramente se repetían completamente iguales, lo cual confiere a las piezas más antiguas su atractiva irregularidad. Con el desarrollo de los talleres, los diseños se grababan en papeles cuadriculados y se ponían enfrente del tejedor o, cuando se trataba de alfombras más grandes, éstos eran leídos por un tejedor experto que guiaba al personal que trabajaba en el telar. El tamaño de las alfombras hechas a mano viene determinado por el tamaño del telar, el cual tenía que ser pequeño en el caso de los tejedores nómadas. La anchura máxima de las alfombras realizadas por tribus nómadas solía estar alrededor de 120 cm, mientras que en Persia y en El Cairo se fabricaban alfombras de hasta 300 y 350 cm. Hoy en día, se producen grandes cantidades de alfombras anudadas en Pakistán, la India, Turquía, Irán, Marruecos y España. Pero pese a su gran calidad técnica y alta densidad de nudos, estas piezas modernas carecen de las sutiles variaciones y el colorido de las elaboradas tradicionalmente.

Las alfombras orientales es un tema muy vasto sobre el que se ha escrito mucho. Si está interesado, consulte algún libro especializado y, sobre todo, compre la alfombra a algún proveedor reputado que disponga de un amplio surtido de diferentes tipos de alfombras y que además se encargue también de las posibles reparaciones. No compre en subastas a menos que tenga algunos conocimientos sobre el tema.

Otras alfombras anudadas se fabrican añadiendo el pelo a una base pretejida, ya sea enganchando lazos de lana, algodón o hilo, o insertando mechones de hilo con una aguja. Las alfombras de punto de cruz probablemente fueron realizadas por primera vez por los vikingos, pero las más apreciadas hoy en día son aquellas que tejieron los pioneros americanos.

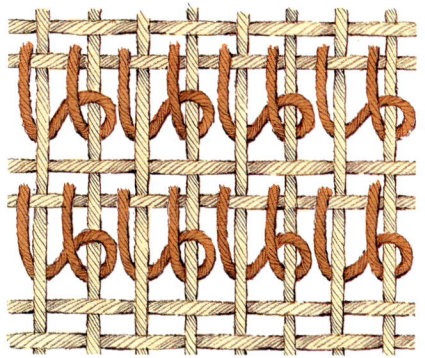

ARRIBA *El anverso de una alfombra de nudos se hace con hilos cortos anudados a lo largo de los hilos de la urdimbre y sujetados por la trama, que asegura cada fila de nudos. El diagrama de arriba muestra un nudo simétrico turco o nudo Ghiordes, y el de debajo representa el nudo persa o nudo Senneh. En un sentido estricto, estos entrelazamientos no son nudos sino rizos.*

DERECHA *Los objetos antiguos como esta alfombra anudada deben su belleza a los tonos de tintes vegetales y extractos minerales. Los pueblos nómadas y los de zonas rurales crearon una gama de colores a partir de plantas; cada región adquirió su propia paleta basada en aquello que estaba a su disposición a su alrededor. Los tonos negros, por ejemplo, se realizaban con roble, hierro, té o corteza de nogal. Los rojos, con ruibarbo, líquenes o*

cochinillas. Para mantener estables los colores, se tiene que añadir un mordiente como sal, cal muerta, vinagre o incluso orina, lo que explica por qué algunas alfombras de Oriente huelen al lavarlas. Cuando a principios del siglo XX los tintes de anilina utilizados en Oriente se consideraron poco satisfactorios por quedar los colores desteñidos y pálidos, empezó a extenderse la utilización de tintes químicos de mejor calidad.

Moquetas hechas a máquina

Los tres tipos más extendidos de moqueta hecha a máquina son la tejida, la moqueta con mechas y la moqueta sin tejer. Las moquetas tejidas pueden dividirse en dos tipos: Axminster y Wilton, ambas extraordinariamente duraderas. En sentido amplio, las de Axminster se elaboran de la misma manera que las alfombras de nudos, con trozos cortos de hilo tejidos a la trama y la urdimbre. Al igual que las moquetas tradicionales, las de Axminster teóricamente pueden usar un número infinito de colores para cada trozo de hilo, pero en la práctica se utilizan entre ocho y doce colores. El desarrollo de telares informatizados ha permitido a algunas empresas ofrecer diseños a medida. El pedido mínimo normalmente es de 80 m², que es el tamaño de una casa pequeña. Si las Axminster se caracterizan por la versatilidad en el diseño, lo que distingue a las Wilton es su grosor. Se elaboran tejiendo los trozos de hilo en el envés para después tirar de ellos dejando unos rizos que pueden cortarse para crear un efecto aterciopelado. Las combinaciones de colores se limitan al uso de sólo ocho hilos diferentes.

Las moquetas con mechas representan una opción más económica y se fabrican insertando el pelo con agujas en una base pretejida. Generalmente, la base está hecha de yute, que es después recubierto con una capa de látex para fijar el pelo, y finalmente se añade una segunda base de arpillera. Las moquetas con mechas se encuentran en un amplio surtido de colores, pero la gama de diseños es más limitada. Suelen contener un alto porcentaje de fibras sintéticas y durante un tiempo se las consideró inferiores a las moquetas tejidas, aunque con la utilización de hilos y enveses de mejor calidad su apariencia y resistencia han mejorado.

Las moquetas de pelo compuesto por un 80 % de lana y un 20 % de nailon ofrecen un equilibrio óptimo entre comodidad, resistencia del color y durabilidad. Las moquetas con una alta proporción de fibras artificiales son más baratas pero tienden a afearse más rápidamente que las de lana, aunque en lugares en donde es posible que estén sometidas a un uso intenso o que puedan salpicarse de agua, las moquetas totalmente hechas con fibras sintéticas son la mejor elección.

Las moquetas sin tejer consisten en una tela semejante al fieltro pegada por uno de los lados a una base previamente tejida con hilos de fibra artificial. Se parecen más al fieltro que a las moquetas tejidas e incluyen una alta proporción de polipropileno y otras fibras sintéticas. Suelen ser lisas, aunque es posible encontrarlas en una limitada gama de diseños pintados. Aunque menos suaves al tacto que las de nudos, este tipo de moquetas son resistentes al uso y al líquido, y por ello son generalmente utilizadas en zonas de servicio.

Se pueden encontrar losetas de moquetas tejidas, con mechas o sin tejer, y en muchas combinaciones de lana y fibras sintéticas, aunque a menudo se mezclan lana y nailon. Se colocan sin una base, pero tienen el envés lo suficientemente grueso como para adherirse al suelo y no necesitan pegarse en el ámbito doméstico, excepto en zonas donde soporten mucho desgaste, como

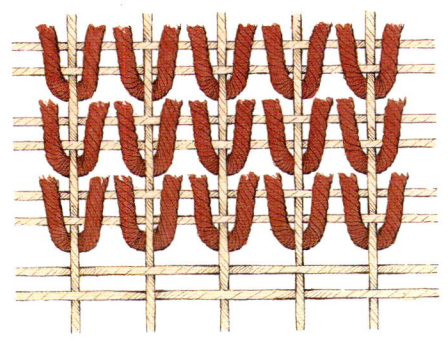

ARRIBA En esta moqueta Axminster hecha a máquina, el pelo se sujeta con la trama, igual que en el sistema de las alfombras de nudos. El pelo cuando se corta proporciona a la moqueta un aspecto aterciopelado. Si se deja sin cortar, la moqueta resulta más mullida.

ABAJO Las losetas de alfombra son muy versátiles y pueden cortarse para crear interesantes y originales combinaciones de colores y diseños. Son particularmente útiles en zonas de uso intenso ya que, si es necesario, pueden extraerse y remplazarse.

DESDE ARRIBA A LA IZQUIERDA *(en el sentido de las agujas del reloj) Una muestra de una moqueta Axminster en la que puede apreciarse la versatilidad para crear cenefas y diseños. Alfombra con mechones anudados de lana en tonos naturales y con una marcada textura acanalada. Atrevida moqueta Axminster de* variados colores. *Alfombra bereber totalmente natural con pequeños motivos geométricos. La marcada textura es característica de las moquetas Wilton. Moqueta de composición 80 % lana y 20 % nailon con un sencillo motivo repetido que mantendrá un buen aspecto durante largo tiempo.*

en los ángulos de los escalones o en entradas de despachos, por ejemplo. Las losetas de moqueta se comercializan en colores lisos o jaspeados y en tamaños de 50 × 50 cm. Cuando las coloque, asegúrese de que quedan bien encajadas entre ellas y que las baldosas recortadas del perímetro encajan correctamente en el zócalo.

Las moquetas de cordón suelen estar compuestas por un 80 % de pelo de animal y un 20 % de nailon y otras fibras artificiales, pero actualmente han sido mayoritariamente sustituidas por las de cordón sintético, y se hacen con una tela acanalada atada al envés de un cañamazo. Confeccionadas en una amplia gama de intensos colores lisos, este tipo de moquetas son toscas, inexpresivas y adecuadas para lugares públicos. Son relativamente delgadas y se recomienda pegarlas directamente al suelo. Las moquetas de cordón no son suaves al tacto.

La moqueta bereber no es, como se suele pensar, el nombre de un método de confección, sino que se refiere en general a la apariencia moteada creada por la mezcla de lanas teñidas y sin teñir, normalmente en beige o color avena. Las moquetas bereberes pueden ser tejidas o anudadas.

PÁGINA SIGUIENTE *La diseñadora de este dormitorio de una casa de campo mallorquina, Mimi O'Connell, optó por la simplicidad del blanco sobre blanco, contrastado por piezas antiguas en hierro y dorado. Una moqueta de Cerdeña, especialmente encargada para la habitación, es capital dentro del esquema decorativo. El repetido motivo floral enmarcado en rombos bordados es una visión moderna del tradicional medallón en forma de nube utilizado en las alfombras turcas y caucásicas de tejido plano, aunque en este caso se ha cortado el pelo.*

IZQUIERDA *El diseñador ha enfatizado la escultural cualidad de los planos lisos de este espacio. El enérgico suelo liso proporciona un potente elemento horizontal a la composición, muy distinto al uso tradicional de alfombras como fondo neutro. En la austeridad de esta casa, la moqueta se convierte en un elemento de crucial importancia para proporcionar confortabilidad.*

Hilos y fibras

Como la calidad de las alfombras depende en parte del tipo de hilos utilizados, es importante considerar las características de las distintas fibras disponibles antes de hacer su elección. Al principio, todas las alfombras se tejían con fibras naturales, algunas, como el algodón y el lino, eran de origen vegetal, mientras que otras provenían de pelo de animales como cabras, ovejas, alpacas, etc. Los avances en la industria petroquímica en los años cincuenta permitieron producir fibras sintéticas extraídas de compuestos químicos, haciéndolas así más económicas. Las alfombras confeccionadas con fibras artificiales son en su mayoría más baratas que aquellas elaboradas con fibras naturales.

La lana ha sido la base en la confección de la mayoría de las alfombras durante muchos siglos, sobre todo en aquellas partes del mundo con climas fríos en los que se crían ovejas. Su principal ventaja radica en su combinación de fuerza, elasticidad, calidez y poca absorción. La lana repele el agua y las manchas, es un buen aislante y acepta bien los tintes. Como es bastante elástica, se recupera mejor que cualquier otra fibra de la presión de los pies y de los muebles, y mantiene un buen aspecto durante mucho tiempo. De hecho, una alfombra de buena calidad con una composición 80 % lana y 20 % nailon debería mantener una apariencia razonable durante al menos de 7 a 10 años más de lo que proclama el fabricante. La lana no es combustible, mientras que las fibras sintéticas sí lo son y algunas desprenden humos tóxicos al arder. Muchas alfombras tradicionales combinan pelo de lana con tramas y urdimbres de algodón con objeto de abaratarlas. Hoy, los enveses de las alfombras industriales suelen estar hechos con yute o polipropileno.

Tradicionalmente el algodón crecía en los climas templados de Egipto y la India, y esos países han producido desde siempre hermosas alfombras de algodón. Aunque tiende a encogerse cuando se moja, el algodón combina ligereza y flexibilidad con una fuerza considerable para su grosor, y se mezcla con otras fibras para hacer alfombras.

La seda comparte las propiedades tanto de las fibras vegetales como las animales. Es bastante más absorbente que otras fibras naturales y acepta bien los tintes, produciendo alfombras de vivos colores y texturas delicadas.

El nailon es muy duro, resistente a la abrasión y no absorbe la humedad. Se utiliza por ello en alfombras pensadas para lugares húmedos. Aunque es propenso a ensuciarse, puede tratarse para que repela las manchas. El nailon, como otras fibras sintéticas mencionadas más abajo, se comercializa bajo una gran variedad de nombres y suele combinarse con lana en diferentes proporciones. Como regla general, una mezcla de 80 % de lana y 20 % de nailon es considerada la mejor para el uso y para asegurar una óptima conservación.

El poliéster es una fibra fuerte, resistente al uso, que no se estira y se suele mezclar con lana para incrementar su fuerza. También se utiliza en combinación con otros materiales sintéticos, como el nailon.

El acrílico resulta suave, flexible y barato de producir. A veces se mezcla con lana y pelo de mejor calidad y más caro, aunque, como la lana pura, tiende a aplastarse.

El polipropileno es duradero y fácil de limpiar. Sin embargo, las alfombras hechas con este material parecen toscas y de aspecto brillante.

Esta habitación está regida por líneas fuertes y claras que enfatizan las formas arquitectónicas básicas. El diseño de la moqueta, con su sobria disposición en cuadrícula, forma un austero diseño lineal sobre un fondo del mismo color que las paredes.

Pueden encontrarse diseños contemporáneos de alfombras tan tupidos y lujosos como los de las alfombras y moquetas tradicionales de nudos. Realizadas con diseños que van desde los motivos geométricos más atrevidos hasta otros más sencillos y lisos, estas alfombras resultarán apropiadas para habitaciones clásicas o modernas y se adaptan tanto a objetos antiguos como a un mobiliario actual. Las alfombras hechas artesanalmente, como las orientales, proporcionarán un carácter único y personal a una habitación.

Elección de una moqueta o alfombra

Los fabricantes artesanales utilizan una escala de ocho puntos, que establece cuatro categorías en la intensidad de uso de moquetas domésticas y otras cuatro en las de uso público: leve, medio, intenso y muy intenso, para cada uso. La mayoría de piezas acreditadas por la Secretaría Internacional de la Lana o las acreditadas por Woolmark estarán etiquetadas de acuerdo con este sistema, aunque actualmente está siendo revisado. Se realizan varias pruebas para determinar la categoría de la moqueta. Éstas incluyen el mantenimiento de su aspecto, que se puntúa del 1 a 5, peso del pelo y estabilidad del color. La informatización de los telares ha permitido a los fabricantes introducir todo tipo de innovaciones, sin embargo, la regla general parece ser que aquellas moquetas con dibujos de colores oscuros y calificados como de uso intenso mantendrán un buen aspecto durante más tiempo que aquellas lisas y de colores claros de uso leve.

Las moquetas industriales utilizan tintes sintéticos y se puntúan según la estabilidad del color. Se utiliza una escala que va del 1 al 8, aunque para las de color negro el 6 es el máximo. En colores oscuros, un 5 indica que es de buena calidad y para tonos pastel el 4 es aceptable. Deseche aquellas que no superen el 3. El grado en que la moqueta se decolorará depende de su exposición a la luz y al sol, y tiende a ser más pronunciado con los tonos pastel.

También hay moquetas que han sido tratadas para resistir las manchas, y otras especialmente pensadas para utilizar en zonas expuestas a la humedad. Deberá decidir dónde y cómo quiere utilizar su alfombra, para ello, las siguientes sugerencias le pueden resultar útiles.

Los dormitorios pueden enmoquetarse con piezas domésticas de uso leve o con las de tipo aterciopelado, aunque otras más gruesas, del estilo de Wilton, crearán un efecto probablemente más lujoso. Quizá quiera rodear la cama con moqueta. De hecho, en el siglo XVIII se confeccionaban moquetas en forma de U para este propósito.

Los baños suelen ser austeros y una moqueta aportará siempre calidez al suelo, pero evite aquellas que puedan verse afectadas por la humedad. El grado medio de uso doméstico sería apropiado, y no hay razón para dar por sentado que la moqueta tenga que ser de fibras sintéticas, pues las de lana tejida son perfectamente prácticas y los *dhurries* de algodón resultan excelentes para baños.

Lo mejor para cocinas y zonas de servicio son las baldosas, los suelos de madera o aquellos fáciles de limpiar. Sin embargo, algunas moquetas sin tejer están especialmente pensadas para ser usadas en cocinas, aunque su alto contenido en fibras sintéticas las hace algo ásperas. No obstante, debido al riesgo de tropezar, es recomendable no utilizarlas.

Los comedores precisan moquetas domésticas de uso medio o intenso. Las moquetas no serán arrastradas por las sillas, como sucede con las alfombras. Si desea colocar una alfombra bajo la mesa, forre la base de las patas y varíe la posición de la alfombra periódicamente para que el desgaste sea uniforme.

Tanto las alfombras como la moqueta son ideales para salas de estar y, al igual que en los comedores, elija una de grado medio o intenso para uso doméstico. Si desea poner alfombras, compruebe cuál es la zona de la habitación sometida a mayor desgaste y coloque las más apreciadas en lugares de menos paso.

Los recibidores están más expuestos al uso y a la suciedad que otras zonas de la casa, y por ello lo más adecuado son las alfombras de grado intenso o muy in-

ARRIBA *Esta moqueta tiene suficiente textura para contrastar con las paredes lisas y la madera pulida, aunque su color neutro se mezcla con el del papel de la pared y forma un marco para la cama antigua, la mesita y la chimenea, que son los elementos básicos de esta habitación.*

PÁGINA ANTERIOR *En contraste con el aspecto austero de la moqueta de arriba, esta magnífica moqueta a cuadros domina el espacio. Las líneas del tartán transportan la mirada por toda la habitación y hacia las escaleras, al tiempo que se complementan con el también atrevido tratamiento de las paredes, pintura y mobiliario.*

tenso. Proteja las alfombras y moquetas colocando esteras del mayor tamaño posible. En general, una vez se ha entrado en una casa, la mayor parte de la suciedad de los zapatos se desprende durante los primeros ocho pasos. Si su presupuesto no alcanza para una alfombra tejida de buena calidad y de composición 80 % lana y 20 % nailon, debería considerar cubrir la alfombra con *dhurries*, que son más baratos y pueden remplazarse al cabo de unos años.

Las escaleras imponen la prueba más estricta de flexibilidad para cualquier revestimiento, por lo que es preferible utilizar moqueta de grado muy intenso para uso doméstico o del grado medio de uso público. Una moqueta 80 % de lana y 20 % de nailon de alta densidad suele ser lo mejor. Si utiliza varillas de escalera, puede dejar un trozo de alfombra doblado bajo cada final y desplazar la alfombra cada dos años aproximadamente para distribuir las marcas del uso.

Instalación de moquetas

Colocar una moqueta requiere habilidad y numerosas herramientas especiales, por lo que es preferible dejarlo en manos profesionales. Lo mejor es que antes de colocar una moqueta nueva el instalador estudie el suelo existente y se ponga de acuerdo con usted respecto a la preparación del mismo.

Si desea enmoquetar un área grande o cubrir más de una habitación con la misma pieza, deberá decidir si es necesario unir dos piezas. Una cinta electrónica de fundición en caliente consigue que las juntas queden invisibles, aunque se pueden utilizar otras técnicas dependiendo del tipo de moqueta. Para unir la moqueta en las juntas de las puertas, se suelen utilizar regletas de aluminio o cobre. Hoy en día, muchas moquetas se venden en piezas grandes, con lo cual sólo es preciso unir diferentes piezas en las puertas. No obstante, si tiene que hacer una junta asegúrese de que siga la dirección de paso de la habitación y que no esté situada en la zona más transitada. Recuerde también comprar moqueta de más para poder hacer coincidir los dibujos en las juntas. Todos estos puntos deberían discutirse en el momento en que reciba el presupuesto de la instalación.

Tanto con moquetas como con alfombras, se utiliza una capa base para minimizar el desgaste causado por las pisadas y los muebles, y de esta forma conservar mejor la alfombra. También corregirá cualquier irregularidad que pueda haber en el suelo, aumentará la comodidad y aislará todavía más de los ruidos. Por cuestiones de seguridad, debería considerar poner una base o cinta adhesiva de doble cara bajo las alfombras para evitar que se muevan.

Estas bases se venden en rollos y normalmente presentan una anchura de 120 cm. Las mejores son las de goma o esponja, aunque también se puede utilizar fieltro de al menos 8-9 mm de grosor. En general, no se aconseja pegar estas bases al suelo, aunque si se utilizan sobre superficies muy pulidas pueden adherirse al suelo con cinta de doble cara. Algunos fabricantes producen moquetas con bases integradas, las cuales son más económicas pero menos efectivas a la hora de proteger la alfombra que las que se venden por separado, y son también menos comunes que tiempo atrás.

Una preparación adecuada del suelo antes de la instalación es esencial. Esto supone remplazar las tablas estropeadas, nivelar el suelo y esconder los clavos que sobresalgan. Si hay tablas de madera que están en mal estado, a menudo se recomienda recubrir el suelo con láminas de *tablex* de 3 mm de grosor. Éstas de-

ARRIBA *Para obtener una sensación de unidad sin el gasto que comporta instalar una moqueta, se ha utilizado una preciosa y duradera alfombra continua tanto para el recibidor como para la escalera. Las gruesas varas de escalera proporcionan una horizontalidad que contrarresta el recorrido vertical del ribete de la alfombra.*

berán colocarse con la parte más áspera boca arriba, dejando juntas de dilatación de aproximadamente 2 mm entre las láminas y de 3-4 mm alrededor del perímetro de la habitación. Si el suelo actual ya está cubierto con algún tipo de revestimiento de madera, como un conglomerado, esto proporcionará una superficie pulida y adecuada sobre la que instalar la moqueta, y requerirá una preparación mínima, aparte de hundir los tornillos que sobresalgan y aplanar los rebordes de las juntas. Los suelos de cemento deberán estar completamente secos, planos y firmes, y los de baldosas o piedra, libres de toda cera o pulimento. Si hay láminas de vinilo o baldosas, éstas pueden conservarse ya que están completamente adheridas al suelo.

ARRIBA *Esta moqueta roja con un aire tan majestuoso es adecuada para esta clásica y casi ceremonial escalera. Al estar formada por una sola pieza que recubre todos los escalones y el ancho del pequeño rellano, permite que la mirada se centre en la arquitectura atípica del edificio y en las cuidadas y simétricas barandillas, que se suman también a la sensación de ritual.*

Mantenimiento de alfombras y moquetas

El desgaste de las alfombras y moquetas es causado por las pisadas, los muebles y por partículas de arena, por ello la forma más efectiva de conservar su alfombra es colocando felpudos e invitando a la gente a dejar sus zapatos sucios en la entrada. Asegúrese también de que las alfombras queden completamente planas, sin arrugas ni pliegues. En época de lluvias, debería retirar provisionalmente las alfombras de los recibidores o proteger las moquetas con piezas de lino o cañamazo. Unos protectores bajo las patas de los muebles pesados evitarán que queden marcas.

Independientemente de lo cuidadoso que sea, las alfombras y moquetas precisan limpiezas periódicas, y para ello lo mejor es pasar la aspiradora. Los modelos verticales de aspiradora son los mejores para moqueta. Sobre una moqueta recién instalada, deberá pasarse la aspiradora a diario durante varias semanas para eliminar las fibras sueltas resultantes del proceso de tejido y corte del pelo. En las moquetas más viejas, un aspirado a fondo ayuda a levantar el pelo aplastado por las pisadas y a eliminar la arenilla. Las alfombras deberían ser aspiradas por ambos lados para eliminar la suciedad que se hunde en el revés.

Como último recurso, puede limpiar una moqueta con una máquina de vapor, siempre que no esté manchada o muy sucia, en cuyo caso será mejor contratar a un profesional. Lavados muy frecuentes eliminarán los aceites naturales de la lana y en el futuro aumentará la retención de suciedad. Deje secar completamente la alfombra antes de colocar encima ningún mueble, aunque si esto no es posible, asegúrese de que hay protectores de plástico bajo las patas. Siga siempre las recomendaciones del fabricante, sobre todo en aquellas moquetas tratadas con productos antimanchas.

Las alfombras deberían lavarse siempre a mano y nunca más de una vez al año. Frótela suavemente con un cepillo de cerdas rígidas por ambos lados y sobre áreas de un metro cuadrado, séquela de forma que las fibras no queden muy húmedas, y acabe cepillando el pelo siguiendo su dirección natural. Cualquiera que sea la técnica de limpieza que adopte, realice siempre una prueba en una zona pequeña del reverso con un trapo blanco para comprobar si destiñe, y asegúrese de que ambos lados queden bien secos. Para la eliminación de manchas, consulte la página 182. Si guarda las alfombras durante un periodo de tiempo, rocíelas con un aerosol contra las polillas y manténgalas en un lugar ventilado.

En casa se pueden efectuar reparaciones básicas, aunque las alfombras valiosas deben llevarse a un especialista ya que una mala reparación mermará su valor. Si un mechón o un rizo se engancha y sobresale del resto, estire suavemente de los rizos adyacentes o córtelo. Los desperfectos de flecos u orillos deberán arreglarse lo antes posible, para evitar que el desgaste aumente el daño. Hilo y aguja pueden servir para reparaciones menores, pero asegúrese de utilizar el mismo tipo de hilo que el de la alfombra. Si tiene la mala suerte de que se queme su alfombra, las puntas chamuscadas de las fibras naturales en zonas pequeñas pueden recortarse o frotarse, aunque si la superficie dañada es grande deberá cortarse y remendarse. Las fibras artificiales se fundirán y ennegrecerán, por lo cual los fumadores deberían elegir alfombras con alto contenido de lana.

La confortabilidad de esta elegante habitación procede de la mezcla de elementos y demuestra cómo los kilims tradicionales, con sus alegres colores y llamativos diseños geométricos, pueden encajar con muebles de cualquier época.

FIBRAS NATURALES

Las fibras naturales combinan muchas de las mejores cualidades de otros materiales para suelos y funcionan como un contraste perfecto para cualquier esquema decorativo. Últimamente han alcanzado una gran popularidad en el diseño de interiores, ya que congenian tanto con las antigüedades más selectas como con los muebles más modernos.

Los hombres utilizaron juncos, helechos y algas para cubrir los primeros suelos de tierra de las zonas templadas. Fáciles de conseguir, ofrecían aislamiento contra el frío y la humedad, desprendían buen olor cuando se pisaban y, en algunos casos, servían para ahuyentar los insectos. Originalmente, estos materiales debían ser recogidos en los alrededores y esparcidos por el suelo, para después barrerlos y desecharlos cuando se gastaban y ensuciaban. Cuando fueron tejidos o trenzados en esteras, se convirtieron en superficies más duraderas, y los descubrimientos arqueológicos han demostrado que esto ocurrió en tiempos muy remotos. En Somerset, en las zonas pantanosas conocidas como los Levels donde todavía crecen sauces y juncos, se han encontrado esterillas de como mínimo 3.000 años antes a la Edad de Hierro. En los siglos XV y XVI, vestigios de casas de campo muestran cómo en Europa las esteras de junco eran muy comunes. Un inventario de 1622 relata: «120 yardas de estera para los aposentos de mi dama», y hacia la misma época en algunas granjas de Pavenham, en Bedfordshire, se producían rollos de estera para los suelos del Parlamento de Londres.

Fibras naturales de muchos otros tipos se han cosechado para realizar esteras en muchas partes del mundo, desde las selvas tropicales hasta el mismo círculo polar. En Japón y Sarawak, la gente ha dormido tradicionalmente sobre esteras de caña y paja colocadas en el suelo. Las esteras de algas, algunas de ellas con delicados y elaborados diseños, se utilizan habitualmente para diferentes funciones en toda Polinesia, al igual que la fibra de coco. El sisal se elabora con hojas de la *Agave sisalana*, que crece en Tanzania, China y Brasil, mientras que la industria del yute se desarrolló en Bangladesh, donde el clima cálido y húmedo favorece el crecimiento de las plantas de donde se extrae esta fibra.

Aunque en total hay alrededor de cincuenta tipos de plantas productoras de fibra que se han utilizado para tejer esteras domésticas en distintas culturas, en Occidente se comercializan solamente el sisal, el coco, la hoja de maíz, el yute, el cáñamo y las algas o combinaciones de éstas. Algunos proveedores de

En este interior impregnado por la calidez de tonos y texturas naturales, el color miel del suelo de fibra natural está en armonía con las sencillas tablas de la pared y vigas del techo, y es complementado por la cálida tapicería rojiza. Los contornos del suelo de madera se ven realzados por la linealidad del borde de las alfombras naturales y conducen la mirada hacia la otra habitación.

alfombras de fibras naturales también las venden de lana sin teñir o de lana mezclada con sisal y yute para combinar la naturalidad de las fibras con la suavidad y resistencia de la lana. Los suelos de fibras naturales se encuentran en piezas anchas, rollos estrechos y en forma de estera o alfombra, en cuyo caso los bordes estarán sujetos con una cinta de color natural u otro color, decorada e incluso de piel. Si no han sido teñidas, la mayoría de fibras naturales disponen de una gama de colores que se limita a los marrones, cremas y verdes amarillentos pálidos, aunque algunos fabricantes utilizan fibras teñidas para realizar alfombras en llamativos colores lisos o con combinaciones de diferentes tonos. Los enveses suelen ser de látex.

Esteras de juncos

Los juncos crecen en climas templados y son flexibles mientras están mojados pero quebradizos cuando se secan. Suaves y sedosos, palidecen hasta alcanzar un marrón uniforme, utilizándose hoy en día principalmente para hacer esteras de tipo medieval. Se realizan con tiras de junco de aproximadamente 9 cm de ancho trenzadas a mano que se cosen unas con otras para crear una alfombra del tamaño que se desee. Estas esteras no son muy resistentes y si se colocan en zonas de paso deberían protegerse, por lo que es aconsejable poner alfombras encima. Debe tenerse mucho cuidado cuando se arrastren muebles sobre ellas pues pueden dañarse fácilmente. Por lo tanto, son más aptas para estudios o dormitorios que para comedores o salas de estar. Son también muy útiles en suelos donde pueda haber algo de humedad pues siempre que haya ventilación se mantendrán en buen estado. De hecho, si se salpican periódicamente con un poco de agua se alargará su vida ya que la excesiva sequedad las vuelve quebradizas.

Algas

Las algas que se utilizan para confeccionar alfombras crecen en lugares húmedos como arrozales, por lo que son resistentes al agua. Esto significa que no aceptan tintes y que sólo se encuentran en colores naturales: son verdes cuando están frescas, y después palidecen hacia amarillos y marrones miel con algún matiz verdoso. Esta impermeabilidad consigue que de todas las fibras naturales sea la más resistente a las manchas y a la suciedad líquida. Elaboradas en un estilo de tejido simple y basto, a veces se encuentran con tramas de color de otras fibras que les proporcionan un toque rojo, azul o negro.

Las alfombras de algas se presentan en anchuras de 4 m. Las fibras de algas más pesadas se tejen también en cuadrados que miden 30 × 30 cm y cerca de 9 mm de grosor. Estas piezas se cosen para formar esteras de diferentes tamaños, y pueden unirse para cubrir grandes áreas con resultados satisfactorios. Este tipo de suelo es apropiado para un uso medio y no debería emplearse en recibidores o zonas similares, así como tampoco en espacios donde los muebles vayan a ser arrastrados, como en comedores. Para hacerlas más resistentes, a veces se combinan con cáñamo, fibra de la misma elasticidad que el yute.

ARRIBA *El suelo de junco culmina una perfecta fusión entre elementos modernos y clásicos. Armoniza con la antigua puerta de paneles de madera, mientras que la cama rodeada por sus cuatro postes se enmarca dentro de un estilo más moderno. La suavidad del junco añade vida y es muy agradable para andar descalzo.*

PÁGINA SIGUIENTE *Este interior debe su estilo al fuerte contraste entre la contundente textura del suelo de algas y el lustroso y oscuro friso. La moqueta de algas se extiende debajo de la bañera pintada en color color oscuro de manera que parece como si flotase a su alrededor.*

Coco

Una selección de alfombras de coco tejidas en bouclé *con tramas de distintos colores.*

Producido fundamentalmente en la India y en algunas zonas del Pacífico, el coco se elabora con las fibras cortas y fuertes de color marrón de la cáscara del coco. Su nombre deriva del término malayo *kayar*. El coco es áspero al tacto y extraordinariamente resistente al desgaste. Por esta razón, se ha utilizado tradicionalmente en felpudos, aunque más recientemente ha sido reconvertido en alfombras para usos intensos, lo que lo convierte en un material ideal para aquellas zonas de la casa donde hay mucho trasiego.

El coco se tiñe y se teje en una sencilla gama de diseños lisos que incluye tejidos trenzados y en espiga. También se encuentra en una extensa gama de vivos colores tejidos con diseños de diamante o cestería, aunque estos colores sufren con la luz del sol. El coco se comercializa en económicos rollos estrechos de 70 cm o de 1 m de anchura, ideales para pasillos y distribuidores, y también en piezas de 4 m de ancho y losetas de 50 × 50 cm para zonas grandes.

Yute

La fuente de la que se obtiene el yute son las altas plantas anuales que crecen en zonas templadas y subtropicales de muchas partes del mundo, sobre todo en la India, Bangladesh y Pakistán. Las fibras se extraen manualmente del tallo después de humedecerlo, pues de todas las fibras naturales que se cultivan con fines comerciales solamente el algodón se produce a gran escala.

El yute ha sido utilizado durante siglos para hacer sacos y cuerdas baratas debido a su combinación de fuerza y suavidad, y también se utiliza a gran escala para hacer enveses de alfombras de todo tipo. En un principio, el yute se transformaba en cuerdas, papel y ropa, pero con la expansión de la industria textil en el siglo XIX y debido a su versatilidad, se importaron a Inglaterra toneladas de esta materia prima para su hilado y tejido industrial. El yute también se combina con otras fibras, incluida la lana, para fabricar todo tipo de alfombras y esteras.

El yute es la más suave de las fibras naturales; los hilos de mejor calidad son casi muy sedosos y presentan un lustre natural. Sin embargo, no es muy resistente y no debería usarse en zonas de gran actividad. Está disponible en diseños planos, de punto de espiga y en *bouclé*, y también en tejidos multicolores; el yute se vende con anchuras de 70 cm a 4 m, como esteras de unión y alfombras largas en todo tipo de medidas. Como el coco, el yute si es teñido o blanqueado se verá afectado por la luz del sol.

PÁGINA SIGUIENTE *El yute y el coco se encuentran en diferentes e interesantes tejidos, así como teñidos, blanqueados, en colores naturales o combinando tonos para adaptarse a muchos estilos de muebles. La selección que aparece aquí presenta algunas de las distintas posibilidades e incluye (en el sentido de las agujas del reloj), coco estándar tejido a mano en color natural, coco tejido lujosamente en forma de diamante, yute con textura, yute verde del mar del Norte pensado para ribetes, yute acanalado, yute tejido en dos colores.*

Sisal

Menos áspero al tacto que el coco, el sisal es, sin embargo, una fibra muy resistente. Está hecha con las puntiagudas hojas de un arbusto subtropical que se cultiva con fines comerciales, sobre todo en Tanzania, China y Brasil. La fibra se separa de la pulpa de la hoja sumergiéndola en agua y, como las hojas pueden alcanzar una longitud de 160 cm, se obtienen hilos muy apropiados para tejer.

El sisal es fuerte pero flexible y, aunque es más áspero que el yute, resulta suficientemente suave para usarse en habitaciones. Generalmente, se teje en cordoncillo, *bouclé* o punto de espiga. Los tejidos en cordoncillo, sobre todo en dos colores, y el tejido en punto de espiga con una trama más oscura, proporcionarán un fuerte sentido direccional. También se encuentra una extensa gama de otros tejidos decorativos que mezclan colores naturales con grises, rojos, rosas y verdes. Cuando se utilizan tres colores rústicos en un tejido grueso, el resultado recuerda los ásperos tejidos escoceses e irlandeses. El sisal se presenta en una gama de colores lisos que combinan con cualquier proyecto decorativo; en un espacio tranquilo y sencillo, se puede recurrir a la neutralidad y naturalidad de los tonos marrones dorados o marrones miel más oscuros. Para añadir un toque de color a grandes extensiones de suelo, por ejemplo en un almacén, hay colores teñidos lisos muy intensos, como rojos, verdes, azules y negros. Los proveedores ofrecen piezas de sisal alargadas de 70 cm o de 4 m de anchura para recubrimientos integrales y también alfombras sueltas de 360 × 240 cm.

ABAJO *El sisal también se teje con éxito mezclado con lana natural sin teñir para proporcionarle una textura suave pero fuerte. Aquí aparecen tres muestras de mezcla de sisal y lana.*

PÁGINA SIGUIENTE *En una habitación mediterránea, una alfombra de sisal de color miel tejida en bouclé es el fondo perfecto para la intensa teatralidad del sofá y las curvas rococó de la hornacina adornada con estrellas.*

DE ARRIBA ABAJO *Sisal tejido en punto de espiga con trama marrón; diseño de tartán en tres colores, dril azul en bouclé, y en dorado.*

ABAJO *Este pequeño interior se convierte en espacioso gracias a la proyección de las esteras de yute acanalado hacia la siguiente habitación, las cuales ofrecen un cálido contraste con las paredes lisas y desnudas. Colocando este revestimiento natural y rematándolo con un borde oscuro de madera, se completa el estilo clásico procedente del diseño de los muebles; asimismo, el borde sirve también para definir el espacio puesto que no hay zócalo en las paredes.*

DERECHA *Este cuidado interior muestra un suelo neutro e inmejorable. La fibra de algas funciona como fondo tranquilo para la disposición del sofisticado y elaborado mobiliario de este comedor, permitiendo que las sillas pintadas de azul en combinación con los asientos de paja resalten. El tejido acanalado de la estera forma un cuadrado de cuyas esquinas parten unas líneas diagonales que crean un sutil efecto radial. De este modo, se enfatiza el centro de la habitación y se atrae la atención hacia la mesa redonda.*

Tatamis

Los tatamis japoneses son quizás uno de los ejemplos más perdurables de suelos naturales, producidos localmente, perfectamente integrados dentro de su contexto cultural, arquitectónico y decorativo. Las dimensiones de las habitaciones de las casas japonesas tradicionales se establecen de acuerdo con el tamaño estándar de un tatami, el cual infunde una sensación de armonía y continuidad a todo el edificio. Aunque sus cálidos tonos amarillos combinan con los tonos naturales de la madera, el bambú y el papel habitualmente utilizados en Japón, estas esteras pueden encajar perfectamente en interiores occidentales, sobre todo allí donde los muebles son escasos.

Originalmente, los tamaños de los tatamis de estera variaban de una región a otra, pero ahora se han fijado sus dimensiones en 2 × 1 m aproximadamente. Tienen unos 5 cm de grosor y están hechos con una estera de caña sobre una base de cáscara de arroz, y las capas están conectadas por hileras de puntos de costura que les proporcionan su característico aspecto acanalado. Una cinta sujeta los bordes. Colocados uno junto a otro, los tatamis son confortables, suaves, buenos aislantes y sirven también para dormir o sentarse. Son fáciles de limpiar pasando una aspiradora o fregándolos con un trapo húmedo, pero se manchan rápidamente y prenden con facilidad. En Japón se utilizan para cubrir todas las habitaciones menos los cuartos de baño y los balcones. Se encuentran en tiendas especializadas y no son aptos para colocarlos bajo muebles con patas.

Alfombras de papel entretejido

Igual de simples que los tatamis japoneses, las alfombras de papel entretejido se elaboran con pasta de madera y son, esencialmente, papel. Se encuentran en una variedad de colores naturales, en suaves tonos marrones rojizos, verdes y grises, también en llamativas combinaciones con negro y rojizo, y algunas veces con contornos de colores. Estos suelos conjugan la simplicidad de las esteras de juncos tradicionales con la sofisticación de diseños elegantes y exclusivos. Sin embargo, son algo caros y son inapropiados en espacios usualmente desordenados como las habitaciones de niños o los cuartos de juegos.

Las alfombras de papel entretejido están disponibles en tamaños estándar que van desde 90 × 200 cm hasta el tamaño de una habitación, 250 × 350 cm. Puede también encargar otros tamaños de cualquier longitud, con una anchura máxima de 250 cm. Aunque sólo tienen 5 mm de grosor, se colocan sobre una base delgada de goma la cual proporciona una sensación más mullida al pisar. Como muchas fibras naturales, este tipo de alfombras se manchan pero, a diferencia de otras, pueden lavarse con agua templada y un detergente neutro. Cepille con suavidad en la dirección de la trama, aclare bien con agua limpia y déjela secar evitando la luz directa del sol. Tenga en cuenta que la estera se encogerá un 2 o 3 % con el primer lavado. La grasa u otro tipo de manchas similares pueden eliminarse rascando. Es posible aplicar un repelente de manchas adecuado, el cual puede renovarse periódicamente aprovechando que los fabricantes desarrollan nuevos productos contra las manchas. Una de las ventajas de estas esteras es que no se deterioran con la humedad y por ello son adecuadas para casas antiguas con suelos de piedra.

Fibras poco corrientes

Muchas otras plantas tienen hojas y tallos lo suficientemente largos como para que su fibra sea apropiada para tejer. El abacá, o cáñamo de Manila, es una variedad del plátano que crece en Filipinas, el sureste asiático y Centroamérica. Las gruesas fibras exteriores de los peciolos de las hojas pueden alcanzar los 5 m de largo. A pesar de resultar más suave al tacto que el sisal o el coco, el abacá es una de las fibras naturales más fuertes, se utiliza en tejidos muy duraderos, y se encuentra en suaves tonos grises y miel. Sus dimensiones más habituales son 180 × 270 cm, 240 × 300 cm y 270 × 360 cm. En Estados Unidos, se pueden encontrar en tiendas especializadas pequeñas esteras hechas con la tradicional perfolla del maíz.

Selección y diseño

Los revestimientos naturales tienen multitud de cualidades que los hacen recomendables. Son luminosos, y aunque su suavidad no es la de una alfombra, es suficiente, sobre todo los de yute y algas, para proporcionar calidez, absorber el ruido y funcionar como un buen aislante térmico. Los tonos naturales marrón dorado de la mayoría de fibras sin teñir crean un fondo neutro y con textura ideal para cualquier estilo decorativo, permitiendo el uso de cualquier color en la pared y en las telas. Cuando se combina la fibra natural en el suelo con colores primarios fuertes y brillantes, se consigue una sensación de alegría y frescura, mientras que con otros más oscuros, como los tierra, marrones y ocres, se sugiere un ambiente más suave, casi mediterráneo. Estas fibras también combinan con tonalidades más tranquilas como azules blanqueados y grises en las paredes, y calicó y algodón sin teñir para muebles, según el estilo escandinavo.

Los muebles antiguos o clásicos de maderas oscuras y las tapicerías y cortinas llamativas también encajan con los suelos de fibras naturales. De hecho, el National Trust (patrocinio nacional de Inglaterra) todavía amuebla muchas casas británicas históricas con esteras de junco hechas con sencillas tiras cosidas unas con otras como se había hecho durante siglos. Puede conseguir este estilo tradicional cortando distintos tipos de alfombras de fibras naturales unos 60 cm más pequeñas que el tamaño de la habitación, y teñir de oscuro la madera descubierta para que contraste con el recubrimiento. Con objeto de proteger los bordes de la alfombra, déles la vuelta y encíntelos si son delgados y flexibles, o bien átelos. Se pueden realizar diferentes ribetes decorativos, aunque el cañamazo liso distrae menos la mirada.

Para crear una sensación de espacio, puede cubrir todo un piso pequeño o apartamento con fibras naturales, y aportar énfasis a determinadas áreas con atractivas alfombras de lana o algodón. Aunque son aislantes y apropiadas para algunas decoraciones, las alfombras de fibras naturales que tienen diseños moteados o a rayas multicolores deberán utilizarse con cuidado. Los brillantes colores teñidos de los diseños pueden resultar estridentes y chillones en espacios amplios, además de convertirse en el centro de atención de la estancia.

Los suelos de fibras naturales pueden quedar muy bien en las grandes cocinas de las casas de campo, pero no es recomendable colocarlas justo enfrente de los fogones o del horno. Las gruesas fibras atrapan la suciedad y son difíciles de limpiar. Si las utiliza en baños, tenga cuidado de no empaparlas.

ARRIBA *Alfombras de abacá en tonos dorado, negro y mezcla de negro y natural, las cuales han sido tejidas con un distintivo diseño acanalado.*

PÁGINA ANTERIOR *La moqueta de coco armoniza con el fuerte carácter y la gran esculturalidad de esta escalera, en la cual las sensuales líneas de la barandilla, pasamanos y parte inferior de la pared están en consonancia con el ribete oscuro de la alfombra. La alfombra gana intensidad con el tejido de punto de espiga, que contrasta con la suavidad de los demás elementos. La sencillez y la fuerza de este interior se ve reforzada por el color de la alfombra, que se ha escogido para que combine con los tonos de las paredes de piedra.*

135

Instalación

Antes de instalar un recubrimiento de fibra natural, deberá extenderlo completamente y cortarlo unos 5 cm por encima del tamaño de la habitación, además de dejar que se aclimate durante al menos 48 horas y, si es posible, a la temperatura habitual de la habitación. Asegúrese de que cualquier reparación en el cemento se ha secado por completo o de lo contrario aumentará la humedad de la habitación.

Normalmente se recomienda que los revestimientos naturales con base de látex se peguen al suelo porque, si no, suelen encogerse y moverse. Hay adhesivos de uso sencillo para este propósito, aunque personalmente intento evitar pegar nada al suelo, y después de colocar un revestimiento en un estudio grande sin pegar, con la única excepción de cinta de doble cara, no he experimentado ningún movimiento significativo. No obstante, siga las instrucciones del fabricante si no quiere perder la garantía.

Las bases no son estrictamente necesarias para la mayoría de suelos de fibra natural pero, como con todos los tipos de alfombra, cualquier capa adicional conseguirá prolongar la vida de ésta y mejorará su confortabilidad. Los revestimientos con base de yute siempre deberían llevar un soporte, preferiblemente de fieltro, y pueden colocarse con varas de sujeción en escaleras igual que con las alfombras de lana. Si quiere un verdadero aspecto tradicional, deberá fijarlas empleando clavos inoxidables o grapas en forma de U, que son casi invisibles. Las esteras de junco clásicas se colocan siempre sin pegar y también se beneficiarán de un buen soporte. Es factible utilizar cintas térmicas para las juntas, pero si se cosen siempre serán más duraderas. No ponga regletas de metal en las puertas pues éstas resultan incompatibles con las fibras naturales. Los cortes hechos para ajustar las medidas deberán doblarse y coserse o, en su defecto, atarse con cañamazo y graparse.

Limpieza y mantenimiento

La relativa dificultad de mantener limpios los suelos de fibras naturales es el principal inconveniente que deberá tomar en consideración. A diferencia de la lana, estas fibras no son oleosas y no repelen las manchas. Además, muchas fibras sin teñir lucen un color claro que mostrará la suciedad más fácilmente, por ello se debe tener un cuidado especial en no exponerlas al barro. Las fibras más resistentes a las manchas son aquellas confeccionadas con algas, aunque en contrapartida son de las menos duraderas, y a no ser que se protejan en zonas de mucho uso, como recibidores, tendrán una vida limitada. Si aun así desea colocar fibra natural en este tipo de lugares, puede probar con piezas provisionales que se sustituyan una vez gastadas.

Para limpiezas en general, utilice una aspiradora que succione bien. Algunos proveedores venden alfombras resistentes a las manchas que han sido tratadas sin por ello alterar su textura. En general, estos tratamientos funcionan pero normalmente se desgastan, por lo que la alfombra requiere una nueva aplicación. La mayoría de manchas pueden eliminarse frotándolas con una esponja húmeda, cuanto antes mejor. Los grumos de suciedad pueden quitarse con un cepillo duro, cepillando en la dirección del tejido.

Esta encantadora galería consigue ser confortable gracias a la calidez de estas alfombras de yute tejidas en punto de espiga, las cuales contribuyen a crear un espacio entre interior y exterior. La claridad de los tonos naturales refleja la luz hacia el interior, que habría sido más oscuro si las baldosas marrones no se hubiesen recubierto. Puesto que están sin pegar, las alfombras pueden enrollarse si la lluvia amenaza con mojar el interior.

SUELOS
FLEXIBLES

Hasta mediados del siglo XIX sólo existía, aparte de las alfombras, un único revestimiento de suelos que pudiese ser desenrollado para cubrir suelos duros o fríos: era el hule pintado a mano, habitual en casas americanas y británicas del siglo XVIII en adelante. Se trataba de piezas esmeradamente pintadas a mano sobre trozos de cañamazo, a las que se añadía un mínimo de siete capas de pintura al aceite. El hule era mucho más práctico que la alfombra debido a que podía fregarse y se realizaba en variados diseños, desde atrevidos dibujos geométricos hasta imitaciones de mármol o baldosa.

El carácter práctico y su atractivo para cubrir suelos propició que se desarrollase en 1864, cerca de Londres, la producción industrial del linóleo. Este nuevo material fue descrito en el catálogo de *American Sears Roebuck* de 1890 como «muy parecido al hule excepto que hay corcho en su composición, lo que lo hace más pesado, duradero y cómodo para caminar». El linóleo no sólo encontró una enorme aceptación entre el gran público sino también entre los diseñadores de principios de siglo, los cuales pretendieron eliminar lo que consideraban las aburridas decoraciones de los interiores victorianos, con sus alfombras poco prácticas y que acumulaban el polvo. La Bauhaus y otros diseñadores innovadores utilizaron el linóleo tanto en colores lisos como con diseños atrevidos, estilos que han vuelto a estar de moda en los últimos años.

Las características que hicieron del linóleo un material atractivo, como su facilidad de uso, confortabilidad y bajo coste, propiciaron el auge de otros revestimientos de láminas durante la década de los treinta y cuarenta. Los suelos de caucho sintético, que eran resistentes y prácticamente no precisaban mantenimiento, se hicieron populares en fábricas y cines. Los estilos de alta tecnología de los años sesenta, que valoraban los materiales industriales por su utilidad y robustez, llevó este tipo de suelos a las casas particulares y animó a los fabricantes a producir láminas de caucho en diferentes colores y con distintos diseños en relieve. Los avances en los procesos de producción y en pigmentaciones también beneficiaron al linóleo y al PVC, y la limitada gama de colores tradicionales asociada a estos materiales ha sido sustituida por una más extensa variedad, lo cual permite hoy utilizarlos para crear diseños prácticos y atractivos en una casa.

El estilo de principios de siglo de los muebles y accesorios condiciona este atrevido suelo de linóleo, en el cual el contraste entre los cuadros en crema y azul oscuro reproduce la confrontación entre la palidez de las paredes y armarios y los tonos oscuros de los muebles. Los grandes armarios de esta espaciosa cocina quedan realzados por la forma en que el linóleo pasa por debajo de los muebles. Aunque el desarrollo de materiales sintéticos hizo que el linóleo quedase desfasado, recientemente con la introducción de nuevos y modernos diseños ha recuperado su popularidad.

Recientemente, muchos diseñadores han explotado las posibilidades que ofrecen sus colores fuertes y los cortes precisos controlados por ordenador de las láminas. Ya sea en tonos lisos o en tonos mármol suaves, el linóleo, los vinílicos y el caucho proporcionan superficies prácticas, fáciles de mantener y duraderas. El hecho de que sean apropiados para lugares húmedos significa que este tipo de suelos puede colocarse en toda la casa, pasando de una habitación a otra ininterrumpidamente para dar idea de amplitud. Los linóleos y el corcho proporcionan además parte de la calidez natural de la madera, lo que permite tenerlos en cuenta tanto para una sala de estar como para zonas de servicio. Aunque no es tan blando como los vinílicos con base de espuma, el linóleo se encuentra con una base de corcho que le aporta características aislantes de temperatura y ruido.

Ahora que los vinílicos y los linóleos se realizan en tantos colores y texturas, con fabricantes que llegan a ofrecer hasta cien posibilidades de cada tipo, es posible crear un diseño propio utilizando piezas precortadas o a medida, con una variedad de opciones mayor que con las baldosas de cerámica. Repetición de elementos geométricos, figuras o grandes formas abstractas, al tiempo que delicadas cenefas, pueden hacerse con suelos flexibles. Si prefiere estilos más clásicos asociados con suelos duros, decántese por los dameros, la alternancia de colores o cuadrados lisos con otros cuadrados insertados.

Linóleo

Derivado de la palabra latina que describe sus componentes básicos (*linum* que significa lino, y *oleum,* aceite) la utilidad del linóleo se hizo extraordinariamente popular cuando se fabricó por primera vez a mediados del siglo XIX. No había habido nada igual con anterioridad y, hacia el final del siglo, lo producían un buen número de fabricantes, algunos de los cuales son los principales productores actualmente. Resulta más cálido y suave que la piedra, la cerámica y la madera, al tiempo que ofrece parte de su durabilidad y su fácil mantenimiento.

La producción de linóleo conlleva una larga y compleja secuencia de procesos. Muchos de sus ingredientes son naturales: un endurecedor, que es una mezcla de aceite de linaza y resina (normalmente de pino) y una base, que puede ser corcho, harina de madera, piedra caliza en polvo y pigmentos. Todo esto se enrolla en una hoja, se prensa sobre una arpillera y se endurece aplicando calor, después de lo cual la pieza queda laminada. El corcho proporciona al linóleo flexibilidad y calidez y, en conjunción con el aceite de linaza, le confiere un tono oscuro. Adelantos en el campo de los aglutinantes y del color han hecho posible fabricar linóleo en tonos más claros, lo que ha contribuido a devolverle popularidad.

Las piezas precortadas de linóleo le permitirán crear infinidad de diseños con incrustaciones y disponer composiciones de relativa complejidad. Una alternativa más económica es escoger entre una gama de diseños estándar para cenefas y figuras centrales, que son cortados en la fábrica. Se presentan con un protector adhesivo en el anverso que se extrae una vez colocado el suelo, o puede ser suministrado en piezas sueltas para ser encajadas como un rompecabezas.

El linóleo suele ser resistente a las manchas de aceites y disolventes, al im-

DESDE ARRIBA A LA IZQUIERDA *(en el sentido de las agujas del reloj) Un moderno y actualizado suelo estilo palazzo con cuadros insertados y ribete en forma de diamantes que funciona a modo de contraste; clásico diseño de damero con cuadros insertados (ambos apropiados para salas de estar); damero en blanco y negro con estrellas insertadas, inspirado en el suelo de las iglesias renacentistas; trampantojo de bloques tumbados (ambos apropiados para dormitorios); un diseño de guinga apropiado para baños o cocinas; damero con pequeñas incrustaciones, ideal para invernaderos o galerías.*

140

pacto, al desgaste y a las quemaduras de cigarrillos, y como el color no sólo se limita a la superficie sino que abarca todo el material, incluso el peor desperfecto es difícilmente visible. El aceite de linaza oxidado y la harina de madera lo convierten en un buen aislante y le proporcionan flexibilidad.

Ahora que existe un gran interés por los productos naturales y el color y el diseño han mejorado, el linóleo ha perdido su imagen anticuada y ha sido aceptado como un material para suelos extraordinariamente versátil que puede usarse en toda la casa. Higiénico y fácil de limpiar, puede colocarse en lugares mojados si las junturas están bien soldadas a los zócalos y demás elementos. Al estar fabricado con materiales naturales, conseguir la misma consistencia en todos los lotes es casi imposible, pero tales diferencias pueden verse como una virtud y no como un defecto.

El linóleo se presenta en rollos de 2 m de ancho o en losetas de 50 × 50 cm o de 33 × 33 cm, y el grosor es de 2, 2,5 o 3,2 mm. Hay cenefas precortadas en tiras que suelen medir 100 × 10 cm. Los cuadrados insertados se realizan combinando cuadrados recortados, y permiten crear aquellos diseños típicos de los suelos de mármol o de cerámica. El linóleo puede tener al principio un ligero tono amarillo, pero desaparecerá cuando sea expuesto a la luz. Allí donde los suelos son especialmente irregulares o donde se precisa un aislamiento del ruido, es posible comprar linóleo con una base de corcho o colocarlo sobre una lámina de este material.

Láminas y losetas vinílicas

La palabra vinilo es una abreviatura de cloruro de polivinilo, o PVC, un material sintético obtenido de derivados del petróleo. Las láminas y losetas de PVC flexible tal como las conocemos ahora no aparecieron en el mercado hasta finales de los años cincuenta. El proceso de producción es bastante simple. Una mezcla en forma de pasta es introducida en rodillos gigantes para obtener unas láminas que suelen tener 2, 2,5 o 3,2 mm de grosor. Posteriormente se deja enfriar y se corta en rollos o en losetas.

Igual que con el linóleo, al cual el PVC trató de desplazar, los procesos de fabricación impusieron inicialmente limitaciones respecto al color y el diseño, pero los últimos avances técnicos han posibilitado aumentar la gama de colores y texturas enormemente, desde el tradicional aspecto veteado del mármol imitando la piedra hasta acabados moteados o llamativos tonos lisos.

Los revestimientos de vinilo se encuentran en distintas formas, cada una de las cuales tiene diferentes características. Esto incluye láminas y losetas lisas, láminas recubiertas de PVC transparente, láminas antideslizantes y láminas y losetas con base de espuma. Las láminas pueden ser homogéneas, en cuyo caso el color y el dibujo abarcan todo el grosor del material, lo que le asegura una gran longevidad; o bien heterogéneas, en cuyo caso el color y dibujo se limitan a una fina capa superficial pegada a una base lisa.

Aunque no tan duraderos como el vinilo homogéneo, hoy en día, los materiales heterogéneos de buena calidad son suficientemente buenos para un uso doméstico. La ventaja que presentan en el proceso de producción es que pueden incorporarse otros materiales a la superficie, como refuerzos de fibra de vidrio. Esto hace que la lámina sea más estable, e implica que pueda ser colocada plana y cor-

ABAJO *Este llamativo diseño de cuadrados, círculos y suaves curvas demuestra cómo un suelo hecho de vinilo precortado puede convertirse en el elemento central de un baño austero y liso.*

Muchos fabricantes realizan diseños por encargo, los cuales pueden comprender desde adaptaciones de dibujos ya existentes en casi cualquier combinación de colores, hasta diseños personalizados, con incrustaciones, de escudos familiares o incluso nombres.

ARRIBA, IZQUIERDA Un diseño de baldosas azul cobalto con incrustaciones en forma de flor de lis de color ocre dentro de una cuadrícula con un contorno negro aportan personalidad a este pequeño recibidor.

ARRIBA E IZQUIERDA Para proporcionar fuerza a un suelo que de otra manera sería liso, unas sencillas figuras curvas pueden quedar tan bien como el diseño comparativamente más complejo de una caracola.

tada con un cuchillo para que encaje en el espacio además de no necesitar pegarla. Por lo tanto, podrá remplazar el vinilo fácilmente sin tener que aplicar capas de cola que serán imposibles de eliminar después, una gran ayuda cuando reforme su casa o si quiere introducir cambios en una habitación.

Los fabricantes de vinilos distinguen entre los de uso doméstico y los de uso público. Los clasificados para uso doméstico, normalmente vinilo acolchado o con base de espuma, son relativamente baratos pero tienen una capa superficial muy delgada que suele decolorarse en aquellas zonas de uso constante, sobre todo delante del fregadero de la cocina, lo cual quiere decir que tendrán una vida más limitada que los vinilos de uso público. En consecuencia, las losetas de uso doméstico no son recomendables para cocinas u otros lugares de uso intenso.

Aunque muchos instaladores no lo dicen, algunos fabricantes recomiendan materiales de uso público en las cocinas. Éstos están especialmente fabricados para conservar su aspecto pese a un uso intenso y se encuentran en una gama más amplia de colores y diseños. El coste es mayor que el del vinilo de uso doméstico, pero la diferencia de precio cuando se trata de una sola habitación no será excesiva y la durabilidad del material será considerablemente superior.

Las láminas de vinilo se presentan habitualmente en rollos de 2, 3 y 4 m de ancho o en losetas de 30 × 30 cm o 50 × 50 cm. Menos comunes, pero todavía a la venta, son las losetas de PVC semiflexible, que suelen tener una instalación más económica y pueden ponerse en plantas bajas con adhesivos bituminosos para evitar la humedad. Sin embargo, éstos no deberán utilizarse como sustitutos de un auténtico revestimiento antihumedad para mantener el suelo seco.

Las losetas vinílicas o con formas especiales precortadas se encuentran en una gran variedad de diseños, dibujos, cenefas e incrustaciones. Si usted comunica al fabricante el código del diseño, éste le fabricará un juego de piezas precortadas para ser soldadas mediante calor o encoladas allá donde desee. El vinilo liso, al ser sintético y de aspecto regular, tiende a asociarse con una imagen institucional y es preferible utilizarlo para crear ambientes «de alta tecnología» o en zonas de servicio, donde será un revestimiento apropiado y fácil de limpiar.

El vinilo es duradero y fácil de conservar aunque, como es denso y un material algo duro, no es un buen aislante térmico o sonoro por sí mismo. No existen grandes diferencias entre el linóleo y el vinilo, puesto que sus funciones y posibles usos son muy parecidos. Sin embargo, el linóleo es algo más blando y flexible. Una de las ventajas de los laminados vinílicos es que los fabricantes producen una amplia gama de molduras, ribetes y salientes antideslizantes para escalones, los cuales se unen unos a otros conformando un suelo impermeable y sin junturas, ideal para lugares con humedad como cuartos de baño o zonas de servicio.

En una casa de campo cercana a la costa, un sencillo damero de losetas de vinilo azul y blanco confiere a la cocina un estilo clásico y algo marinero, y funciona como un fondo fresco y luminoso para las robustas sillas pintadas y para el amplio aparador blanqueado.

PÁGINA ANTERIOR *Este revestimiento de vinilo realizado a medida es un suelo práctico y clásico a la vez para esta zona de paso. Los tonos suaves del tradicional suelo de piedra caliza, combinados con cuadrados insertados más oscuros, quedan realzados por el gris de los armarios y son un contrapunto a los colores más llamativos del vidrio teñido de las puertas esmaltadas.*

ABAJO *Para este suelo se ha empleado un linóleo en tres colores diferentes que reproduce el elaborado diseño de bloques tumbados parecido al que suele encontrarse en suelos de mármol. De este modo, se ha añadido un toque clásico a un mobiliario moderno, empleando para ello dos tonos de marrón en el suelo semejantes a los dos marrones de la espectacular mesa de madera.*

Vinilos con PVC transparente

Los vinilos con PVC transparente están formados por una base de vinilo, una capa visible que contiene el diseño y el color, y una capa exterior resistente de PVC transparente que protege a la anterior. Producidos hasta hace poco por un solo fabricante, estos vinilos se presentan en una gran variedad de atractivos diseños que permiten crear suelos bonitos, de buena calidad y bajo mantenimiento. Muchos de los diseños imitan otros materiales, como tablillas de madera, parqué, mármol, pizarra, baldosas o ladrillos, y se combinan con gran cantidad de cenefas, motivos y dibujos para incrustar. En alguno casos, los dibujos y diseños son incorporados fotográficamente por lo que resultan tremendamente reales, hasta el punto que solamente tocando el suelo es posible distinguirlo del material verdadero. Este efecto se ve aumentado por el hecho de que algunos diseños se venden en piezas del mismo tamaño que las de los suelos que imita, ya sean tablillas de madera, bloques o placas de parqué, y que en este caso se adhieren al suelo. Las baldosas se presentan en cerca de diez tamaños, desde 11,4 × 11,4 cm hasta 91,5 × 91,5 cm, dependiendo del diseño. Este material es resistente a las manchas, muy duradero y extremadamente denso, pero tiene poca capacidad para aislar del ruido. Este tipo de vinilo puede ser tan caro como algunos de los materiales que imita, y pretende combinar las características visuales de los suelos naturales con las ventajas de impermeabilidad, resistencia a las manchas, facilidad de limpieza y, en ocasiones, la mayor tranquilidad y calidez típicas del vinilo. No obstante, conviene recordar que, al igual que otros suelos vinílicos, las quemaduras de cigarrillos así como el contacto con otros materiales, como esteras de caucho, algunos protectores de muebles de plástico o caucho, betún o pintura, afectarán seriamente a este tipo de pavimento.

Vinilos con base de espuma

Las láminas de vinilo con una base suave de espuma o fieltro surgieron en un principio para minimizar ruidos en lugares como hospitales; no obstante, hoy pueden ser muy útiles en las casas, donde proporcionarán suelos blandos pero impermeables y de poco mantenimiento para cocinas y baños; además, este material es especialmente adecuado para colocarlo sobre hormigón. Esta base elástica de espuma añade una suavidad considerable, absorbe los impactos, amortigua el sonido y proporciona una mayor confortabilidad al pisar. La gama de colores y dibujos es casi tan amplia como para las láminas de vinilo, aunque las versiones con la base acolchada no se fabrican en forma de loseta. La base de espuma para láminas vinílicas de uso doméstico tiene un grosor entre 1,5 y 3 mm, y es de 5 mm para suelos sobre los que se practica algún deporte. Esto significa que el grosor total puede oscilar entre 3,5 y 7 mm. Son también ideales para zonas de servicio húmedas situadas sobre habitaciones de descanso. En baños, por ejemplo, los tonos crema o grises pálidos, con las vetas no muy coloreadas, serán un excelente fondo para esteras o *dhurries* de colores. Los vinilos con base de fieltro se encuentran en una amplia gama de colores y diseños, muchos de ellos imitando suelos de cerámica. Están disponibles en rollos de hasta 2 m de ancho y por ello, en lugares húmedos las juntas pueden reducirse al mínimo. Estos vinilos deben colocarse únicamente sobre suelos sólidos que tengan una capa protectora antihumedad.

Las losetas de vinilo con PVC transparente se encuentran en una amplia gama de diseños distintos; algunos reproducen una fotografía y los hay que son imitaciones muy realistas de diferentes materiales. DESDE ARRIBA A LA IZQUIERDA *(en el sentido de las agujas del reloj) Parqué de olmo desgastado; mármol romano azul; arena; mármol blanco de Georgia; agua; motivo central de un mosaico.*

Vinilos antideslizantes

Los vinilos antideslizantes se encuentran tanto en forma de loseta como en lámina, y en numerosos acabados que van desde superficies ligeramente arenosas, que incluyen polvo de carborundo, hasta texturas muy rugosas. Los diseños suelen limitarse a colores lisos, con los tacos antideslizantes de mayor o menor relieve. En algunos casos, los tacos son blancos, en contraste con el negro del fondo, y en otros el color es similar al de la base. Pensados para su uso en grandes cocinas industriales y en fábricas, los vinilos antideslizantes pueden ser útiles en una casa si está especialmente preocupado por la seguridad en las zonas húmedas. Sin embargo, la rugosidad supone que no son idóneos para habitaciones en las que probablemente los niños jueguen en el suelo.

Suelos de caucho

Las láminas de caucho natural se fabricaron por primera vez durante el siglo XIX. Los suelos de caucho más utilizados se elaboran hoy en América, Alemania e Italia a partir de productos sintéticos derivados de la industria petroquímica. El caucho es impermeable, apenas le afectan las pequeñas salpicaduras de aceites o productos químicos y es muy resistente a las quemaduras de cigarrillos. Las láminas de caucho de tipo industrial sólo se pueden obtener en negro de los catálogos de proveedores industriales, y se presenta tanto con textura lisa como en una amplia gama de diseños que incluyen acanaladuras anchas, estrechas y en ondas, punto de espiga, cuadros y diversos tachonados. Se comercializa principalmente en láminas de 122 cm de ancho o en losetas de 50 × 50 cm, aunque también se pueden encontrar de otros tamaños. El grosor va desde 2,5 mm hasta 3 cm. Si se utiliza en un entorno doméstico, el caucho de tipo industrial puede resultar práctico e impactante.

Los suelos de caucho de colores brillantes y lisos para el mercado doméstico están disponibles en una gama limitada de modelos, normalmente con tacos redondos o cuadrados, granulados pequeños y acanaladuras, y en grosores de 2,5 o 4 mm. Son ideales en baños, zonas de servicio, recibidores y habitaciones de juego. El caucho tiene muchas de las características del linóleo y del PVC, como su impermeabilidad y su funcionalidad, pero suele ser más blando, cálido al tacto y también más duradero. Las versiones con tacos o acanaladuras se encuentran entre los suelos laminados con mayores propiedades antideslizantes que se pueden encontrar. Sin embargo, es difícil mantenerlos limpios y, en particular, los colores más claros requieren un programa de mantenimiento más estricto que el linóleo o el vinilo. Están disponibles en numerosos acabados: moteados, texturados o imitando pizarra. Estos suelos, con una apariencia más cercana a los de vinilo, no ofrecen las mismas cualidades antideslizantes que los tachonados, y no se recomiendan para lugares húmedos. Es posible combinar el caucho con otros materiales, por ejemplo, puede instalarse en cocinas, delante de la encimera o los fogones, cuando se hayan utilizado madera o alfombras en el *office*. Como el caucho se puede comprar en esteras pequeñas y además es muy delgado, éstas pueden colocarse sueltas, en la puerta de salida a un jardín o delante de un banco de trabajo, donde podrán retirarse con facilidad y limpiarse.

Las láminas de caucho se fabrican en distintos colores y diseños. DE ARRIBA ABAJO *Acabado de pizarra; diseño con tacos muy pequeños; con tacos grandes; con estructura de pizarra.*

Corcho

El corcho se obtiene de la corteza del alcornoque, que crece principalmente en el Mediterráneo occidental, y la mayor parte se produce en Portugal, España y Argelia. Intentos de introducir el árbol en California no han tenido mucho éxito. La corteza, normalmente de entre 2,5 y 5 cm de grosor, se arranca cada nueve años y se deja que el árbol vuelva a regenerarla. El corcho combina propiedades aislantes, impermeabilidad y flexibilidad, que son el resultado de su estructura grasosa, en la que cada célula es un compartimiento estanco. Se cree que esto es una adaptación natural de la especie para protegerse de los severos vientos secos del verano.

Muchas losetas de corcho se hacen con gránulos de la corteza ligados con resina de poliuretano, aunque algunas se hacen con trozos arrancados directamente de la corteza. Cualquier desgaste de un suelo de corcho será debido a la abrasión, lo que significa que es importante aplicar algún tipo de selladora protectora a las losetas. Algunas losetas de corcho pueden adquirirse con una capa de PVC transparente incorporada, laca o barniz acrílico, lo cual permite que estén listas para usar. Otras se presentan sin tratar y requerirán una capa de selladora después de ser colocadas. Recuerde en este caso que el barniz probablemente oscurecerá su color natural.

El corcho puede encontrarse en diferentes colores, desde marrones miel a tonos pálidos de beige, marfil, rojo, verde, azul y gris, así como también en gris carbón o rojo amarronado. En algunas baldosas encontrará marcas pronunciadas, con ostensibles veteados o briznas de corcho que parecen formar líneas. Como se trata de un material natural, posiblemente habrá diferencias entre distintos lotes. Para evitar zonas más claras y otras más oscuras, deberá alternar las losetas de los distintos paquetes por toda la habitación. Es posible que sólo encuentre un número limitado de diseños en diferentes colores pero, si quiere crear su propio suelo de corcho, puede pintar o estarcir las losetas sin sellar antes de barnizarlas.

Al igual que la alfombra, el corcho se presenta con diferentes resistencias dependiendo de si está destinado a un uso doméstico, con un grosor de 3 mm, doméstico intenso, también de 3 mm, o para uso público, con 4,8 mm de grosor. Las losetas son cuadrados de 30 cm en Europa y de 30,5 cm en Estados Unidos, aunque es posible encontrar planchas de corcho compuesto que miden 90 × 18,5 cm y tienen 9 mm de grosor. Las planchas consisten en una tabla de madera contrachapada o conglomerado, una estructura interior de corcho comprimido, un revestimiento de corcho de mejor calidad y una capa exterior de PVC transparente semimate. Mientras que las losetas tienen que ser pegadas al suelo con un adhesivo especial, el corcho compuesto se une y encola mediante un machihembrado en vez de pegarse a la solera. Se asientan sobre una base de corcho que se adapta a las irregularidades del suelo base y además supone un aislante para el ruido. Algunas losetas de mejor calidad tienen pestañas en los bordes que se entrelazan entre sí. Si coloca corcho sobre hormigón y le da mucha importancia a la calidez, podría utilizar láminas industriales de corcho, que son más gruesas que las losetas estándar, aunque resultan difíciles de obtener y de colocar.

El corcho se encuentra en distintos colores y veteados para adaptarse a diferentes espacios. DE ARRIBA ABAJO *Natural; acentuado, tierra; cielo.*

Hules

El hule fue un material muy común hasta la mitad del siglo XIX, cuando fue ampliamente sustituido por el linóleo. Recientemente se ha redescubierto su atractivo, y hoy le ofrece la oportunidad de añadir un toque muy personal a su casa.

Los hules de mejor calidad eran, y todavía es así, elaborados cuidadosamente con piezas de cañamazo sin unir. Éste se extiende sobre una estructura o se fija al suelo y se recubre con hasta siete capas de pintura al aceite por cada cara. El diseño final se pinta a mano o mediante estarcido sobre la superficie.

Hoy en día que los costes laborales son tan elevados, los suelos de láminas ya fabricados, como el linóleo, le resultarán más baratos, aunque los hules son uno de aquellos revestimientos que usted mismo puede realizar, y tienen la ventaja de que es posible confeccionarlos a medida para que encajen con la forma de una habitación. Antes de aventurarse en la realización de una pieza de gran tamaño, recuerde que necesitará el espacio suficiente para que descanse plana durante todos los días que puede tardarse en hacer.

Para realizar su propio hule, necesitará una pieza gruesa y fuerte de cañamazo unos 4 o 5 cm mayor que la superficie que pretende cubrir. Empiece clavando o grapando el cañamazo a una estructura de madera hecha de listones, sobre una madera o sobre el suelo. Haga una mezcla de pintura acrílica de imprimación o pintura de emulsión (látex) y pegamento APV en la proporción de 5 partes de agua por cada una de APV, y aplique al menos dos capas a la cara inferior y cuatro más a la cara superior, hasta que haya conseguido una superficie lisa y de manera que la tela se vea lo mínimo. Lije suavemente la superficie entre capa y capa. Cuando esté seco, extraiga la tela de la estructura, doble los bordes hasta conseguir las dimensiones exactas, cuadre las esquinas y péguelo bocabajo con APV.

Pinte una capa base en el color que haya elegido para el fondo con pintura al aceite, para después pintar el diseño con pintura de artista acrílica o con pintura de artista al aceite ligeramente rebajada. Finalmente, selle la superficie con cuatro o más capas de barniz de poliuretano acrílico o al aceite. La primera capa deberá tener una parte de barniz por cada tres de disolvente, para ir rebajando la mezcla progresivamente hasta que en la última capa la proporción sea de uno a cinco. Aplique un par de capas en el reverso. La pieza deberá dejarse secar al menos durante 24 horas, aunque es preferible que sean 48, antes de colocarla en su sitio.

Las gamas de dibujos y colores son ilimitadas. Originariamente, a los inquilinos se les recomendaba seleccionar diseños marmolados o veteados que imitaran piedra o madera, mientras que los propietarios más prósperos compraban aquellas que recreaban alfombras. Hoy en día, puede crear diseños geométricos que encajen en su proyecto decorativo, ya sean sencillos y delicados o atrevidos y brillantes.

A esta sobria habitación se ha añadido un hule pintado con un atrevido dibujo, el cual resalta sobre el suave gris de la tarima. No obstante, se han utilizado colores poco intensos para no recargar el espacio. Los soles constituyen un elegante acompañamiento para las líneas curvas del sofá de madera. El acabado envejecido tanto de la pintura como del sofá y del zócalo proporciona un estilo clásico.

Instalación y mantenimiento de suelos flexibles

Al ser ligeros y flexibles, estos materiales, sobre todo en forma de losetas, son de los suelos más fáciles de colocar por uno mismo, y para ello se ofrecen instrucciones generales en las páginas 179-180. Sin embargo, hay una serie de aspectos que hay que tener en cuenta cuando trabaje con determinados materiales.

Las losetas de corcho con una base adhesiva son extraordinariamente fáciles de instalar pero se levantarán a la menor señal de humedad, por lo que es mejor no utilizarlas en zonas mojadas. En su estado natural, el corcho es un material muy absorbente y las losetas sin sellar deberán protegerse con al menos tres capas de barniz una vez colocadas, o cuatro para zonas de mucho paso o lugares húmedos. También es recomendable añadir una capa final de barniz a las losetas preselladas para evitar un desgaste irregular. Frote el suelo con un trapo limpio humedecido en aguarrás para asegurarse de que la superficie no tenga nada de polvo o grasa antes de sellarlas.

Aunque todos los suelos flexibles son fáciles de mantener, una limpieza regular es importante para que la abrasión causada por la arena y la suciedad no deteriore su aspecto o estropee el sellado. La mayoría de superficies se pueden fregar. Para limpiar suelos flexibles, al igual que para la piedra o la cerámica, es mejor utilizar detergentes neutros. Estos agentes limpiadores están hechos a base de productos químicos y son especialmente adecuados en lugares con agua dura, donde los jabones suelen hacer espuma y dejan residuos en la superficie.

Los suelos de caucho pueden pulirse con una emulsión metalizada para conseguir una superficie brillante que soportará mejor los arañazos, pero asegúrese de que sigue las instrucciones del fabricante. Si el pulimento se desgasta, deberá eliminarlo completamente con un producto autorizado por el fabricante antes de aplicar una nueva capa.

Para sellar el linóleo puede aplicar dos capas de pulimento en emulsión después de haber lavado la superficie. A continuación, pase un trapo suave impregnado con pulimento para proporcionarle una película protectora más gruesa y eliminar los arañazos. Si las manchas persisten, puede eliminarlas frotando suavemente con un estropajo de acero. En caso de que el suelo se estropee con el tiempo, elimine el pulimento con un decapante al agua específico. Nunca utilice productos con disolvente sobre el linóleo.

Aunque el corcho sellado es impermeable, se mancha fácilmente cuando la capa protectora se cuartea, y cualquier marca será entonces muy difícil de eliminar. Para evitar manchas y asegurarse de que las juntas están bien selladas, deberá eliminar la capa de selladora cada cierto tiempo, lijar suavemente y aplicar una nueva capa. Existen productos especiales para ello, aunque en zonas de uso normal el corcho no necesitará una nueva capa de selladora durante al menos diez años, pero en cocinas este periodo se verá reducido a cinco o seis años.

Las losetas de caucho tachonadas típicamente industriales, junto con las vigas visibles de hierro del techo y la grifería de metal, constituyen un ingrediente esencial para crear este aire informal y futurista. El gris pálido del suelo refleja la luz diurna que entra por las grandes claraboyas circulares y que inunda el espacio con una luz cálida.

SUELOS
NUEVOS
E INUSUALES

La elección de los materiales empleados para pavimentar ha venido siempre determinada o bien por aquello que se encontraba localmente o por las innovaciones. En los antiguos osarios, los suelos se hacían con los huesos que allí se habían depositado, mientras que los primeros suelos de caucho y vidrio, hoy muy comunes en edificios industriales, se vieron por primera vez en la Maison de Verre diseñada por el arquitecto francés Pierre Chareau en los años veinte. Si lo que busca son suelos alternativos que proporcionen a sus interiores un carácter único, deberá tener en cuenta algunos de los materiales utilizados en interiores comerciales o industriales, donde los diseñadores han de resolver distintos problemas. Esto sucede sobre todo en tiendas de decoración, donde se pretende atraer la mirada de potenciales clientes. Algunas de las ideas más innovadoras se ponen en práctica con este propósito.

El vidrio es uno de los materiales más interesantes que ha pasado de un contexto industrial al mundo doméstico. Inicialmente, se colocaban gruesos bloques de vidrio en el hormigón para dejar pasar la luz a los sótanos. Hoy, este material es aceptado como parte integrante de interiores industriales de alta tecnología, lo cual incluye también el uso de suelos de láminas de caucho y de metal. Más atrevida todavía sería la utilización de un material no asociado con los suelos como la piel. Aunque para ello, casi con total seguridad, deberá sacrificar algunas de las exigencias más habituales para suelos, como son la resistencia, la longevidad y el fácil mantenimiento. Algunos materiales son perfectamente apropiados para suelos pero no deberían usarse debido a que se requiere cierta habilidad para colocarlos.

Prescindir del sentido práctico abre grandes oportunidades para la imaginación. Éste es el caso de un escultor que ha creado un suelo tridimensional dando forma a una madera contrachapada. Sus formas onduladas no son prácticas para caminar pero proporciona a la habitación cualidades fascinantes. Materiales como la madera rugosa o el bambú utilizado como en las terrazas japonesas pueden ser visualmente espectaculares pero poco prácticos.

Este suelo altamente pulido se consiguió lijando la capa de cemento suavemente y aplicándole tres capas de resina acrílica. Es lo suficientemente resistente y fácil de limpiar como para servir de estudio a un artista, a la vez que elegante cuando la habitación se transforma en sala de estar. La superficie tan pulida no sólo refleja la luz sino que también ofrece una brillantez sofisticada.

156

Hormigón

El hormigón no es un material nuevo y, de hecho, muchos espacios industriales han mantenido como suelo la áspera superficie estructural de este compuesto. Sin embargo, la gente se ha dado cuenta recientemente de que, colocado con esmero, el hormigón puede servir como suelo para interiores, ofreciendo un tosco pero elegante acabado no muy diferente de algunos tipos de piedra. Para conseguir una superficie nivelada y aceptablemente suave, el hormigón húmedo se hace vibrar durante la construcción para hacer aflorar las partículas más delicadas a la superficie, lo cual permite que se asiente de modo muy uniforme. Para obtener un acabado aun más liso, el hormigón puede pulirse con una máquina no muy diferente a la usada para pulir terrazo (véase pág. 42) aunque el trabajo ha de hacerlo un profesional.

Otra posibilidad es alterar la textura y el color del hormigón. Cuando está seco puede ser labrado, marcado o impreso con diseños. También pueden insertarse baldosas de cerámica o incluso trozos rotos de baldosas para realizar mosaicos abstractos similares a los innovadores diseños realizados por Gaudí. Una vez seco, puede aplicarse un chorro de arena o simplemente pintarlo. También es posible modificar el hormigón añadiendo colores a la mezcla. Un acabado interesante es dejarlo liso y, cuando esté casi seco, aplicar a la superficie un agente que retarde el secado. Esto inhibirá el proceso de asentamiento y le permitirá eliminar la fina capa de arena y cemento, al tiempo que aflorará el tosco componente de piedra que existe en toda mezcla de hormigón. Aplicando el agente retardador en ciertas zonas, siendo el estarcido la manera ideal, puede crear diseños que exploten el contraste de texturas entre zonas tratadas y otras sin tratar. La complejidad del diseño tan sólo se verá limitada por la cantidad de trabajo que esté dispuesto a realizar. El suelo resultante, fuerte y duradero, será ideal para baños y zonas de servicio en plantas bajas. Si se plantea realizar alguno de estos procesos, es obligatorio consultar primero a un ingeniero o constructor para estar seguros de que no se debilita el hormigón.

Las losas de hormigón para pavimento pueden utilizarse de la misma manera que las losas de piedra y presentan características muy parecidas con respecto a la temperatura y a los ruidos. Se encuentran en una gama de colores como el gris o los rojos apagados, verdes, amarillos y azules, y normalmente se presentan en cuadrados de 30 cm, 45 cm o 60 cm, o en rectángulos de 60 × 30 cm. También se encuentran en hexágonos o círculos. Con las losas de hormigón para suelos, dispone de tres posibilidades; losas planas y lisas prensadas a máquina que proporcionan una superficie neutra y práctica aunque áspera. Si se pulen pero se dejan desnudas o pintadas con diseños clásicos, como cuadrados insertados, proporcionarán una personalidad fuerte y convincente a recibidores o lugares de mucho paso. La segunda posibilidad consiste en losas con acabados ásperos y rugosos que pretenden imitar la piedra, aunque no siempre con demasiado éxito. Y la tercera son las losas de color que, utilizadas en interiores, representan una buena alternativa a la piedra de color o la terracota, aunque el resultado es menos vistoso.

El hormigón proporciona una superficie práctica para las zonas de servicio de una casa o incluso para distribuidores o cocinas. No obstante, el hormigón, al igual que algunas piedras, se mancha y produce polvo. Por tanto, si pretende dejarlo sin decorar deberá aplicar selladora transparente.

ARRIBA *Aquí, el uso de hormigón pulido es atrevido y proporciona al suelo un efecto tridimensional. Se ha aplicado in situ de tal manera que cada área está pensada como un elemento escultural, donde las escaleras y el suelo inferior se convierten en uno. Las juntas entre las paredes y el suelo quedan cuidadosamente subrayadas mediante un hueco que hace que las paredes parezcan flotar.*

PÁGINA SIGUIENTE *En esta casa moderna, se han utilizado losas de hormigón pulidas como si se tratasen de losas de piedra; sugieren un aire más austero que si fuesen de este material al tiempo que se ajustan mejor a este espacio. Es un suelo duro, económico, neutro y nada comprometedor que resalta las esculturales formas de las paredes.*

Metal

Los suelos de baldosas o placas de acero o aluminio se han utilizado en entornos industriales desde el siglo XIX. Las baldosas y placas se encuentran con distintos dibujos y tamaños, pero resultan poco adecuadas para la mayoría de espacios domésticos porque son frías y ruidosas, incómodas para los niños, y algunas pueden ser difíciles de limpiar. Tan sólo será una opción válida cuando lo que se desea es un estilo industrial y futurista. Las placas gruesas de acero son muy pesadas, por lo que las baldosas de acero o aluminio son más apreciadas, sobre todo allí donde se necesite una superficie antideslizante como, por ejemplo, en rellanos o zonas de acceso. Las láminas de acero para cubrir suelos estructurales pueden ser delgadas, de 1 mm en adelante. La elección en el grosor dependerá de la estructura del sistema de soporte en el que se tiene que asentar.

Pueden clavarse finas láminas de acero, cinc, cobre o aluminio o bien pegarse sobre madera, aunque también es posible conseguir baldosas metálicas que pueden ser pegadas al suelo preexistente. Éstas consisten en una estructura de madera de 12 o 19 mm de grosor recubierta por una delgada lámina de acero o de cualquier otra de las demás aleaciones. Se elaboran por encargo en tamaños que van de 15 × 15 cm hasta cuadrados de 1,2 m.

ABAJO *Todo este interior es brillante, luminoso y contemporáneo, desde la mesa de vidrio y las columnas de acero hasta los colores lisos y llamativos del mobiliario de metal. La cuadrícula regular de las baldosas de acero del suelo añade un toque final a este moderno diseño. Los radiantes reflejos y la regularidad de la cuadrícula intensifican el efecto industrial.*

PÁGINA SIGUIENTE *Existen diseños de láminas de aluminio apropiados para distintos tipos de espacio; las láminas con formas de grandes diamantes son las que evocan más intensamente el estilo industrial. Las láminas de acero pueden encontrarse con estos diseños.* DESDE ARRIBA A LA IZQUIERDA *(en sentido de las agujas del reloj) Acabado galvanizado con relieve antideslizante; acabado con un grabado decorativo; acabado pulido con relieve antideslizante; acabado satinado con relieve antideslizante; acabado brillante con relieve antideslizante; acabado satinado con grabado de líneas finas.*

PÁGINA ANTERIOR *Esta vieja escalera de madera está recubierta con láminas de zinc. Como el zinc puede cortarse y doblarse para darle forma, el efecto es el mismo que el de una alfombra de metal, en la que el borde claveteado queda claramente a la vista. El revestimiento de esta escalera no se gastará jamás y es útil como sistema para reforzar peldaños delicados o resquebrajados.*

ABAJO *Los peldaños de esta escalera están hechos de cristal mate, que no sólo deja pasar la luz al piso inferior sino que, al estar sujeto de manera que no toca la pared, los escalones parecen flotar en el espacio, lo que supone un intento de casi cuestionar la solidez de esta escalera.*

Cristal

Los bloques de cristal pueden colocarse sobre una estructura en forma de panel de hormigón para conseguir un efecto más impactante, con la ventaja además de que dejarán pasar la luz, lo cual es útil si una habitación es oscura y la de encima, más luminosa. No obstante, el cristal en los suelos es esencialmente estructural y no un revestimiento, y generalmente es incorporado por el constructor durante la construcción o bien en reformas profundas. No se trata de un material que pueda instalar un aficionado. Los bloques gruesos de cristal en estructuras de acero son una alternativa a los suelos estructurales de cristal, pero en estos casos deberá utilizarse vidrio endurecido y muy grueso, que a veces puede llegar a ser de 5 cm de grosor, dependiendo del tamaño de los bloques y del espacio entre los soportes. También en este caso, tanto el vidrio como la estructura de apoyo deberán ser diseñados e instalados por un profesional.

Un inconveniente del cristal es que suele ser resbaladizo y exige una limpieza constante, además, con el tiempo se raya, lo cual explica por qué apenas se utiliza cristal transparente como pavimento. En vez de éste, se utiliza un cristal glaseado que se consigue grabándolo con ácido o con un chorro de arena.

DERECHA *En este suelo están presentes muchos elementos del estilo industrial: rejillas de acero inoxidable así como la estructura de vigas de color rojo. Estas vigas sostienen las secciones de hormigón prefabricado en el cual se han insertado lentes redondas de vidrio. Cada zona se distingue por un tipo distinto de suelo: el cristal y el hormigón definen la zona de la cama, el enrejado de madera y las planchas de acero indican los lugares de paso y otras zonas.*

IZQUIERDA *Se han colocado bloques de vidrio en un enrejado de hormigón como elemento principal de la estructura del edificio, los cuales dejan pasar la luz al piso inferior. Por la noche, iluminado desde debajo, este salón adquiere un brillo cálido que contrarresta la sensación de frialdad asociada con el vidrio y proyecta las líneas sencillas de los muebles como finas siluetas. Estos bloques de cristal tienen un inconfundible sabor años treinta.*

Pinturas especiales, piel y otros materiales

Los interiores industriales, talleres, factorías o lugares similares sometidos a un fuerte desgaste no pueden ser pavimentados satisfactoriamente con revestimientos normales o incluso de oficina. Se ha desarrollado para ellos una gama de productos líquidos extraordinariamente resistentes. Estos productos pueden nivelar grietas u otros defectos y son útiles para cualquier suelo irregular. Por lo tanto, son ideales no sólo para utilizar sobre hormigón, sino también sobre suelos de madera para disimular imperfecciones.

Hay muchos tipos diferentes de pintura para entornos industriales, pero destacan las de base de caucho, las epoxídicas o las de poliuretano. La pintura de poliuretano es la más rígida y se agrieta si el suelo subyacente se mueve. Por lo tanto, sobre tablas será mejor utilizar una de base epoxídica. Las más útiles son las que mezclan pintura epoxídica y de poliuretano, pues combinan la fuerza y resistencia de las pinturas de poliuretano con la flexibilidad de las epoxídicas. Las de caucho son también flexibles.

Muchas de estas pinturas exigen cierta habilidad para aplicarlas y normalmente requieren que el suelo esté completamente seco antes de ponerlas. Muchas contienen gran cantidad de disolventes tóxicos, por lo que debería llevar una mascarilla cuando las aplique y asegurarse de que la habitación esté bien ventilada. Siempre que sea posible, seleccione una pintura con el mínimo contenido de disolventes posible. La naturaleza química de la pintura epoxídica y la de poliuretano significa que pueden reaccionar negativamente con otras sustancias del suelo ya existente, y por ello es crucial que las utilice siguiendo estrictamente las instrucciones del fabricante.

Estas pinturas son resistentes, prácticas y fáciles de limpiar, pero mucho más caras que las pinturas para suelos domésticos. Se presentan en una gama limitada de colores, pero le permitirán disponer de su suelo como si se tratase de un lienzo gigante, pintándolo con diseños únicos y atrevidos. Es posible elegir un acabado liso y brillante que encajará con un estilo moderno, o un acabado mate, ligeramente moteado, más apropiado para lugares húmedos. Cuando aplique la pintura, asegúrese de que los colores no se mezclan unos con otros; para ello use plantillas para estarcir, trozos de madera flexible o bien plástico delgado para delimitar las áreas de cada color.

Otro tipo de suelo inusual puede conseguirse utilizando materiales reciclados, aunque no necesariamente asociados con la construcción. Por ejemplo, se han utilizado antiguas planchas de cobre de imprenta clavadas a tablas con clavos de cabeza grande para realizar suelos fascinantes con relieve que parecen antiguos y contemporáneos a la vez. Otras opción es insertar piezas recicladas de máquinas o de cerámica sobre resina transparente para conseguir un suelo excepcional.

La piel ha sido también utilizada como pavimento. Es relativamente suave y cálida, amortigua el sonido, se puede limpiar y proporciona una auténtica sensación de lujo. Puede colorearse o adornarse. Deberá buscar mucho para encontrar un profesional que trabaje la piel para la confección de suelos, pero éstos existen.

En teoría, casi cualquier material que pueda colocarse plano puede utilizarse como revestimiento para suelos. Si da rienda suelta a la imaginación, y dispone de los profesionales adecuados, seguramente podrá crear algo completamente fuera de lo común.

PÁGINA SIGUIENTE El diseñador ha utilizado el suelo con casi la misma libertad con la que hubiese trabajado sobre un gran lienzo para crear estas llamativas formas que recuerdan a la pintura de Miró. Para ello, ha utilizado pinturas de resina epoxídica de colores llamativos. Las pinturas de resina suelen ser tixotrópicas y se pueden aplicar vertiéndolas, lo que proporciona a los contornos su atractiva forma ondulada.

ARRIBA Este lujoso y exclusivo suelo de piel está en sintonía con la silla de piel de leopardo. Se ha respetado el color natural de la piel y algunas piezas son casi pieles enteras, con su forma orgánica y pespuntes por las líneas de corte, que se convierten en un curioso motivo decorativo.

TÉCNICAS

Este capítulo trata muchos aspectos prácticos sobre cómo colocar varios tipos de suelos e incluye consejos para reparar suelos estructurales, pues deben estar en buenas condiciones antes de cubrirlos. Algunas de las técnicas descritas pueden ser puestas en práctica por los mismos propietarios de las casas pero otras es preferible dejarlas en manos de profesionales.

Reparación de suelos de madera

Los desperfectos en los suelos de madera suelen ocurrir cuando las tablas se levantan para instalar tuberías o cables. Las tablas resquebrajadas o dañadas deberían ser remplazadas, a ser posible con otras lo más largas posible, pero en todo caso con longitudes que permitan que la tabla se apoye en cuatro viguetas para evitar que la madera se doble. Deje siempre espacio entre las juntas. Si el final de una tabla en buen estado se resquebraja, déle la vuelta de forma que la parte dañada quede debajo del zócalo. Cuando los agujeros para los clavos se hayan agrandado, remplácelos por tornillos. Si inserta el clavo en otro lugar puede estropear la madera o perforar tuberías o cables. Cuando las tablas queden cortadas justo al lado de una vigueta de forma que un extremo quede sin sujeción, lo mejor es cortar la parte más larga de manera que se apoye en el medio de la vigueta, y sustituir la sección corta de forma que se apoye justo en la vigueta. Como alternativa, atornille, nunca clave, un trozo de madera en el lateral de la vigueta para que sirva de apoyo. Los edificios modernos puede que tengan tablas machihembradas. Para eliminar el machihembrado, tiene que serrar por el borde de la tabla y atravesar la lengüeta. Esto requiere pericia y deberá hacerse con una sierra para suelos, o mejor, con una sierra circular con la hoja puesta de tal manera que haga un corte de profundidad inferior al grosor de la madera.

Encontrar recambios de tablas del mismo grosor que las antiguas puede ser un problema. No es recomendable poner topes en las viguetas para poder colocar tablas más finas porque normalmente el tope se acabará moviendo. En un aserradero, podrán rebajar tablas e igualarlas con las antiguas si usted les proporciona una muestra. Los huecos entre las tablas se pueden rellenar con la inserción de un pedazo delgado de madera que será encolado, o introduciendo en las juntas algún tipo apropiado de masilla flexible para madera. Éstas se encuentran en distintos colores para que el tono coincida con distintos tipos de madera. Los suelos ruidosos son consecuencia del movimiento de la madera, y ello puede ser resuelto remplazando los clavos por tornillos en los lugares donde chirríe.

Cuando restaure un suelo, trate de tener en cuenta la época y el estilo del edificio. En esta casa antigua, las tablas han sido reparadas pero se han dejado rugosas y sin barnizar, lo que resulta apropiado para la destartalada grandeza de la habitación.

Preparación de la superficie de un suelo de madera

Si ha llevado a cabo grandes reformas en un viejo suelo que ahora quiere lijar y sellar, es interesante teñir toda la superficie antes del sellado así como mezclar las tablas nuevas y las antiguas.

Asegurarse de que un suelo de madera está lo suficientemente nivelado como para soportar otros materiales puede ser difícil, y a veces es más fácil colocar láminas de madera dura o madera contrachapada de 6 mm sobre las tablas, una vez reparadas. Muchas casas de suelos instalan este soporte antes de colocar sus moquetas o láminas. Si decide hacer el trabajo usted mismo, aloje las planchas en la habitación durante al menos 48 horas para que se aclimaten antes de ponerlas. La madera dura es más fácil de colocar, y se deberá clavar con clavos para madera dura en intervalos de 150 mm. Utilice madera contrachapada de 6 mm en suelos muy irregulares, y atorníllela a intervalos similares. Si piensa poner cerámica o piedra, el grosor deberá ser de 12 mm del tipo WBP (resistente a la humedad) y sellar la parte inferior y todos los bordes con un barniz que lo proteja de la humedad, ya que ésta podría destruir el adhesivo de la baldosa. Deje siempre una separación de 1 mm alrededor de cada plancha para permitir la dilatación, y 3 mm en los contornos de la habitación. Corte trozos de la plancha para permitir el acceso a las tuberías y cables que pasan por debajo, y atorníllelos.

Problemas de humedad en suelos de madera

Si la madera se pudre, es muy probable que la causante sea la humedad, y es necesario arreglar el suelo antes de colocar cualquier nuevo pavimento. Puede suceder que la madera esté en contacto con la tierra húmeda o con otras partes húmedas del edificio, o puede que haya un lento goteo de agua proveniente de un escape o una filtración de un baño o una ducha. No tiene sentido remplazar la madera afectada sin averiguar la causa. También es posible que los extremos de las viguetas empotradas en una pared exterior hayan sido ablandados por la humedad, en cuyo caso la única solución es una reconstrucción total. Cualquiera de estos síntomas debe ser investigado por un arquitecto, un aparejador o una empresa especializada, quienes realizarán una prospección y le ofrecerán un presupuesto sin cargo alguno. Las empresas más reputadas ofrecerán normalmente un informe riguroso, aunque siempre es recomendable pedir una segunda prospección.

Reparación de suelos de hormigón

Los suelos de hormigón se suelen cubrir con una capa de arena y cemento de un grosor que varía entre los 4 y los 6 cm, lo cual confiere un acabado suave y nivelado. Si piensa colocar un suelo de piedra o cerámica utilizando el método de la arena y el cemento (véase pág. 178), esto subsanará problemas menores, pero para las moquetas y sobre todo para los revestimientos laminados, se deberán reparar las grietas y otros desperfectos con mucho cuidado. Antes de realizar ninguna operación, averigüe si hay cables o tuberías en el hormigón, algo muy habitual. Conductos que emergen del suelo indican que alguna tubería corre bajo el cemento, y enchufes en las paredes o en los zócalos inducen a pensar que debe de haber cables eléctricos bajo el suelo. Golpee el suelo con un objeto duro, y cualquier variación de un sonido sordo a otro hueco revelará una falta de adhesión a la estructura de debajo. Si el área en que se detecta falta de adhesión tiene las dimensiones de un plato, no supondrá un problema. Si el cemento se desmigaja, significará que la mezcla era defectuosa y que toda la superficie necesita ser reparada o incluso renovada. Si lleva a cabo las reparaciones usted mismo, corte por donde el cemento esté adherido con firmeza, preferiblemente con un corte oblicuo. Grietas pequeñas de apenas 3 o 4 mm pueden obviarse, siempre que no se desmigajen, pero los huecos grandes deben excavarse hasta un ancho de 2 cm. Una vez el cemento estropeado ha sido eliminado, asegúrese de que quede libre de polvo o partículas sueltas y aplique una capa delgada de APV adhesivo universal de constructor en todo el agujero siguiendo las recomendaciones del fabricante para la disolución. Aplique a la grieta una mezcla consistente en una parte de cemento por tres de arena mezclada con agua y APV en cantidades iguales, siendo mejor líquida que húmeda. El tiempo de secado dependerá del grosor de la capa de cemento y puede extenderse durante una semana o más. No pretenda acelerar el proceso con calor porque se resquebrajará. Si la

capa de arena y cemento

cemento dañado

hormigón

parte superior de la capa de cemento está arenosa o polvorienta, ésta puede ser sellada con APV o con un sellador para prevenir desmoronamientos.

Las capas de cemento irregulares serán niveladas normalmente por los instaladores. Con anterioridad a la colocación del nuevo pavimento, los instaladores deberán confirmar que el estado del antiguo suelo es el adecuado. Como la mezcla de arena y cemento se agrietará si el grosor es inferior a 3 cm, cualquier nivelación o enmasillado se ha de hacer con pasta niveladora, que permite formar capas de hasta 2 mm.

ARRIBA: REPARACIÓN DE UN SUELO DE CEMENTO Y HORMIGÓN *Un fragmento de la capa de arena y cemento se repara cortando oblicuamente desde la zona donde el cemento está firme; se aplica a los laterales y a la base una capa de adhesivo APV, y se rellena el corte con una mezcla que contenga una parte de cemento por cada tres de arena.*

Problemas de humedad en suelos de hormigón

Siempre que le sea posible, deberá tratar de eliminar la humedad porque causa deterioros en los revestimientos del suelo y en otros elementos estructurales al tiempo que afecta muy adversamente a la mayoría de adhesivos. Un cemento húmedo suele indicar que o bien ha habido un fallo en la capa protectora antihumedad (una capa de polietileno o bitumen colocada por el constructor y pensada específicamente para mantener el suelo libre de humedad), o que el agua se está filtrando, probablemente de una tubería soterrada. En estos casos, corte el cemento afectado y repare la tubería o la capa protectora, y reponga el cemento como se describe arriba. La humedad puede también penetrar en un suelo donde los contornos tocan las paredes exteriores, en cuyo caso será necesario instalar una capa antihumedad verticalmente para aislar de la pared los contornos del suelo.

Si la humedad se extendiera por todo el suelo es porque probablemente no haya capa protectora antihumedad, y la única solución sea aplicar alguno de los muchos líquidos antihumedad hechos con silicona o bitumen antes de colocar un nuevo suelo. Los máximos niveles de humedad para los distintos suelos vienen indicados por los fabricantes, y deberá cerciorarse de que el instalador confirme que su suelo cumple con los requisitos del fabricante.

En muchos casos, puede que no sea posible eliminar la humedad, sobre todo en casas antiguas con gruesas paredes de piedra, pero aun así dispondrá de algunas alternativas. Puede aplicar una nueva capa antihumedad sobre el cemento antiguo y luego colocar un suelo de piedra o de cerámica encima utilizando una capa gruesa de cemento (véase pág.176); o colocar un suelo de madera flotante sobre una lámina antihumedad de polietileno. Debido a las propiedades químicas de las pinturas y los adhesivos epoxídicos o de poliuretano, éstos deben ser manipulados con mucho cuidado.

Aislamiento de suelos a nivel de superficie

Si pretende dejar un suelo de madera a nivel de superficie sin revestimiento, especialmente si piensa lijar las tablas, es preferible aislarlo primero con lana mineral o un aislante semirrígido, preferiblemente con un grosor de 75 a 150 mm. Las tablas deben levantarse primero. Aunque parece tarea fácil, requiere paciencia, cuidado y habilidad, y debería hacerlo un carpintero. Para fijar el material aislante bajo las tablas, se coloca por todo el suelo una tela metálica sin tensar para que cuelgue de las viguetas con el mismo grosor que el material. Es importante que el espacio entre el suelo suspendido y la tierra esté bien ventilado para evitar la humedad y la putrefacción de la madera. Asegúrese de que los conductos del aire no queden nunca bloqueados.

Los suelos sólidos a nivel de superficie pueden aislarse colocando losas rígidas de poliuretano de 25 o 40 mm sobre el hormigón y recubriéndolas con tablas de 19 mm de madera contrachapada o conglomerado para suelos. Además, puede poner un revestimiento de tablas de 19 mm sobre listones de 25 o 40 mm, separados por unos 40 cm, y colocar un aislante acolchado antes de situar las tablas encima. Si decide colocar este tipo de suelo, recuerde que deberá rebajar puertas y zócalos para adecuarse al grosor del nuevo suelo.

ABAJO: AISLAMIENTO DE SUELOS DE MADERA A NIVEL DE SUPERFICIE *Se extraen las tablas y se coloca una malla sin tensar sobre las viguetas para sujetar la lana mineral. El aislante debe ser de 75 mm como mínimo aunque es preferible que alcance los 150 mm*

MÁS ABAJO: AISLAMIENTO DE SUELOS SÓLIDOS A NIVEL DE SUPERFICIE *Los listones de madera se colocan sobre un suelo sólido a nivel de superficie para sostener un nuevo revestimiento de madera. El espacio entre los listones se rellena con aislante y puede servir para pasar tuberías. Los listones deberían estar separados por unos 40 o 60 cm, dependiendo del grosor del revestimiento (entre 19 o 22 cm). La altura de los listones puede variar en función del aislante.*

tablas del suelo

viguetas   aislante acolchado sujeto por una malla metálica

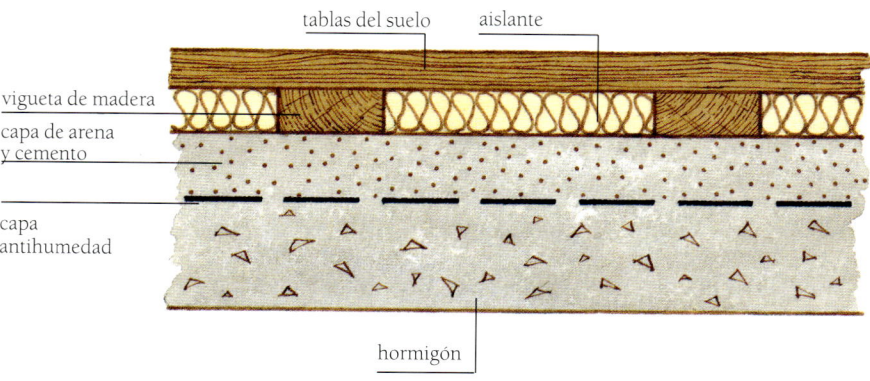

tablas del suelo   aislante

vigueta de madera
capa de arena y cemento
capa antihumedad

hormigón

Insonorización de suelos flotantes

El ruido se diferencia en sonido de impacto o sonido transmitido a través del aire, y cada uno requiere un tratamiento diferente. El sonido de impacto se convierte en un problema cuando el ruido de los pasos se transmite al piso inferior. Una alfombra o un vinilo acolchado pueden evitarlo, pero si quiere una superficie dura tendrá que poner un suelo flotante.

Existen numerosos tipos de suelos flotantes, pero el más habitual es aquel en que una capa flexible aísla el revestimiento del suelo estructural y entre ellos no hay sujeción ninguna, de ahí el término flotante. Los suelos flotantes de madera son los revestimientos más prácticos, pues están pensados para asentarse sin sujeciones sobre un suelo estructural, y puede introducirse entre ambos una capa flexible de lana mineral o corcho de entre 6 y 12 mm, cuanto más gruesa mejor. Otra alternativa es montar un suelo flotante de madera contrachapada, planchas de conglomerado o tablas de madera asentadas sobre listones con base de goma que descansan sobre el suelo estructural, separadas por una distancia de 40 cm si las tablas son de 19 mm, o por 60 cm si son de 22 mm. Los listones no se clavan al suelo pero, al ser clavados a las tablas o planchas del revestimiento, no se moverán. Sistemas especiales de insonorización que combinan conglomerado o contrachapados con capas aislantes incorporadas están disponibles tanto para suelos flotantes como para estructurales.

El sonido que se transmite por el aire debe ser tratado de dos formas: hay que evitar que circule por la estructura, lo cual sólo puede ser conseguido con una construcción sólida, y eliminar las reverberaciones de la habitación incorporando materiales blandos que las absorban. Este tipo de sonido se transmite hacia arriba y hacia abajo. Una manera de evitar la transmisión del ruido a través del aire entre las habitaciones es rellenando el espacio entre el techo y las tablas del suelo con un acolchado aislante o con arena. No obstante, mientras que los acolchados absorben sonidos de frecuencias altas, los graves son imposibles

ABAJO: SUELO FLOTANTE *Planchas de contrachapado o conglomerado machihembrado se colocan sobre una capa semirrígida que se asienta en el suelo estructural. Este sistema es una alternativa al uso de listones, que se muestra más abajo. Este método puede emplearse sobre suelos de hormigón y sirve también como aislante térmico.*

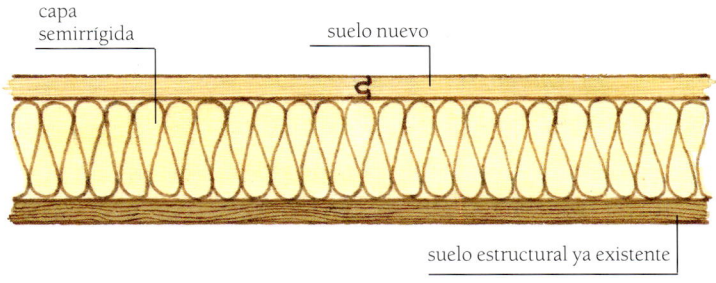

capa semirrígida · suelo nuevo

suelo estructural ya existente

ABAJO: SUELO FLOTANTE SOBRE LISTONES *Las tablas del revestimiento se asientan sobre listones que están aislados del suelo estructural por tacos de goma flexibles que impiden la transmisión del ruido por la estructura. El sonido que se transmite por el aire se amortigua mediante una capa acolchada que rellena el espacio entre las tablas y el suelo de cemento.*

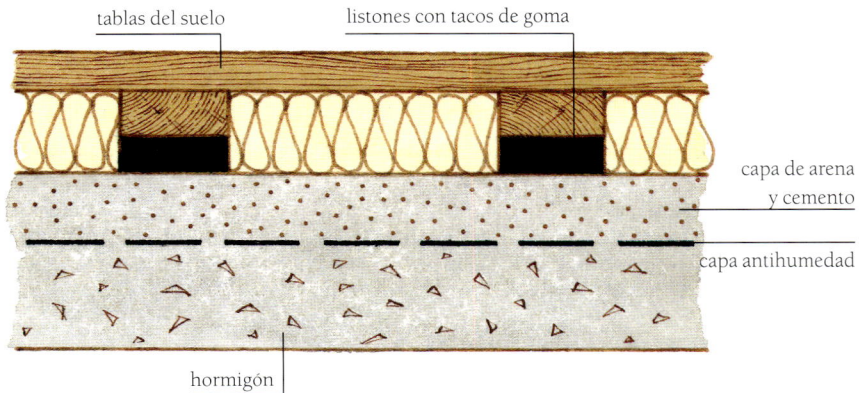

tablas del suelo · listones con tacos de goma

capa de arena y cemento

capa antihumedad

hormigón

ABAJO: INSONORIZACIÓN DE SUELOS DE MADERA NUEVOS O YA EXISTENTES *El espacio que hay entre las tablas del suelo y el techo puede rellenarse con un acolchado que absorba y reduzca la transmisión del sonido que se transmite por el aire. Otra alternativa es incrementar la cantidad de materia del suelo añadiendo una capa de arena, aunque primero debe asegurarse que la estructura es capaz de soportar el exceso de peso.*

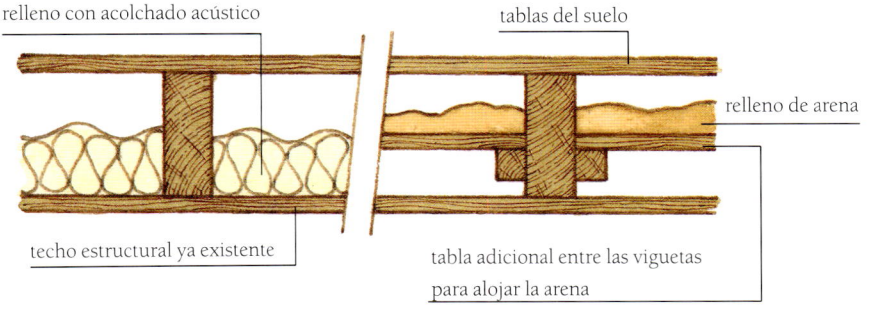

relleno con acolchado acústico · tablas del suelo

relleno de arena

techo estructural ya existente

tabla adicional entre las viguetas para alojar la arena

de eliminar. Los sistemas de insonorización están pensados para distintos tipos de ruido. Un suelo de baldosas o de piedra añadirá consistencia a la casa y puede resolver el problema, pero tenderá a propiciar el eco al rebotar el sonido de una superficie a otra. En tal caso, la única solución es decorar con muebles blandos y alfombras.

Calefacción subterránea

Los romanos calentaban sus suelos en el gélido norte de Europa con conductos subterráneos de aire caliente, y todavía hoy gracias al perfeccionamiento de los materiales y los conocimientos sobre construcción, la calefacción subterránea se ha convertido en algo muy popular. El calor queda a un nivel bajo, que es donde es necesario, contrarresta las corrientes, es un sistema ideal para calentar los suelos de piedra o de baldosa, y acaba con la dificultad de situar los radiadores. Su funcionamiento se basa en que como el suelo es un área muy grande, toda su superficie actúa como una fuente de calor, requiriendo solamente un poco más de temperatura que la de la superficie para calentar el espacio. En suelos sólidos de hormigón, los cuales almacenan el calor, se necesitan pocas calorías para calentarlo. La calefacción subterránea puede funcionar también con suelos de láminas y de madera, aunque debe tenerse cuidado y elegir una madera apropiada para evitar que se agriete, y supervisar que el sistema sea el adecuado y la colocación la correcta. Los suelos de madera no acumulan el calor y deberán aislarse para evitar que éste se filtre hacia abajo.

La fuente de calor puede ser eléctrica o de gas. La capa de cemento en la que se alojan las tuberías debe tener como mínimo 10 cm de grosor. Otra alternativa son unas delgadas esteras parecidas a la tela que incorporan espirales eléctricas que pueden colocarse en capas gruesas de adhesivo en suelos de piedra o cerámica, con lo cual no es necesario renovar la capa de arena y cemento; no obstante, este sistema no está diseñado para calentar sino solamente para quitar el frío. Determinar la construcción y la instalación correcta de una calefacción subterránea es un asunto técnico que debe ser llevado a cabo por especialistas.

ABAJO: CALEFACCIÓN SUBTERRÁNEA EN UNA CONSTRUCCIÓN NUEVA *Serpentines eléctricos o tuberías de agua caliente se colocan sobre una plancha de hormigón, la cual ha sido aislada por debajo de manera que el hormigón almacena el calor.*

pavimento — cables/tuberías

capa de arena y cemento

hormigón

aislante

capa antihumedad

base de arena

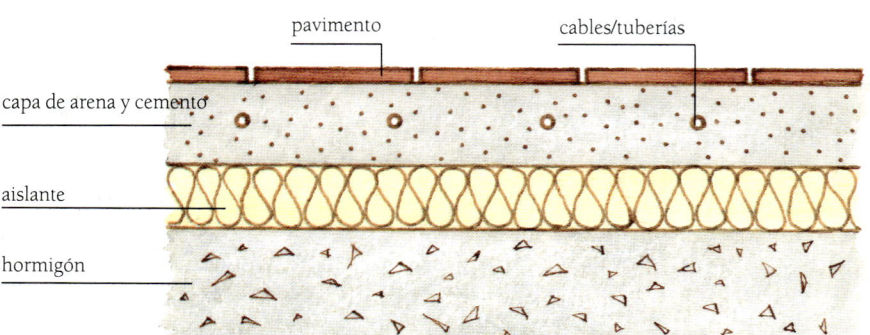

pavimento — cables/tuberías

capa de arena y cemento

aislante

hormigón

ARRIBA: CALEFACCIÓN SUBTERRÁNEA EN UNA CONSTRUCCIÓN YA EXISTENTE *Un aislante rígido se coloca sobre la plancha de hormigón y encima de éste se añade una capa gruesa de cemento y arena, reforzada con malla metálica, que contiene los cables eléctricos o las tuberías de agua caliente.*

Felpudos y esteras a nivel del suelo

Los felpudos son importantes para mantener los suelos bien cuidados porque atrapan no sólo la suciedad visible, sino también diminutos granitos de arena que estropean cualquier acabado. Los felpudos de tamaño estándar, de unos 45 × 60 cm, son poco efectivos: lo ideal es que mida 2 m de largo, para que permita al menos dar dos pasos y eliminar de los zapatos la suciedad de la calle. Donde no haya suficiente espacio para un felpudo tan grande, es útil tener una alfombrilla preparada para la intemperie de goma o metal en el exterior, así como una estera en el interior. Existen numerosos modelos de esteras a su disposición: de coco en su color natural y en otros colores lisos y con dibujos; tiras rugosas de coco alternadas con alambre o acero; esteras de nailon, con o sin tiras de aluminio, en diferentes colores que camuflan la suciedad; alfombrillas rugosas de goma; alfombrillas con púas de plástico duro; y delgadas esterillas de algodón. El algodón tiene la importante ventaja de que es absorbente y lavable, y si se utiliza en interiores combinando con una alfombrilla externa absorberá la máxima cantidad de suciedad de las suelas de los zapatos. Todas estas esteras se encuentran en tamaños estándar o pueden cortarse a medida. Para que sean efectivos, los felpudos deben estar bien limpios. Sacuda o golpee el felpudo en el exterior o pase el aspirador. Sin embargo, no se puede hacer gran cosa para limpiar una estera de coco muy sucia.

Para evitar deslizamientos, lo ideal sería que una estera gruesa descansase en una cavidad de manera que quedara a nivel del suelo. Esto debe ser tenido en cuenta cuando coloque un suelo nuevo. Es posible realizar cavidades para esteras en la mayoría de suelos ya existentes recortando las viguetas para deprimir las tablas. Reutilice las tablas para hacer un marco alrededor de la cavidad y conseguir así un acabado aparente. Preparar la cavidad en suelos sólidos es sencillo si hay una capa de cemento que puede ser rebajada. Atornille una estructura de madera o metal en la base de hormigón y rellene los desperfectos entre la base de la estructura y el cemento con una mezcla de mortero como la descrita para la reparación de suelos de hormigón en las páginas 170 y 171. Cualquier daño sufrido por la capa antihumedad deberá repararse antes de recubrirlo con la mezcla niveladora. Es preferible poner la estera en perpendicular al zócalo, lo cual no sólo propiciará que sea más larga, sino que también conseguirá un mejor acabado y hará la limpieza más simple.

Como podrá comprobar, la piedra, las baldosas o las moquetas son lo suficientemente gruesas como para no tener que rebajar el suelo a la hora de colocar la estera. Un contorno de madera es muy apropiado entre una estera y una moqueta. Con la piedra, un delgado contorno de metal para la estructura será lo mejor y lo menos visible. Recuerde que algunos felpudos bituminosos o con base de goma provocarán que algunos suelos vinílicos se decoloren. Coméntelo con el fabricante.

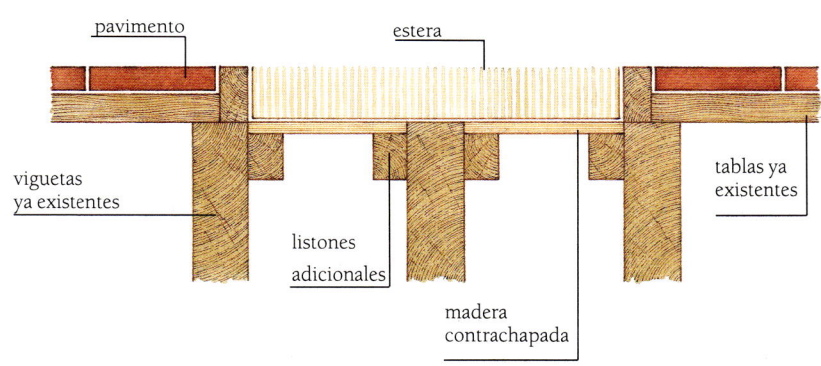

pavimento · estera · viguetas ya existentes · listones adicionales · madera contrachapada · tablas ya existentes

ARRIBA: ESTERA INSERTADA EN UN SUELO SUSPENDIDO DE MADERA *Las tablas se remplazan por madera nueva contrachapada alineada con las viguetas y sujeta por listones, que deben estar fuertemente atornillados a las viguetas. Se realiza una estructura de madera que limite con el pavimento. Ésta tendrá el grosor de las tablas ya existentes más la del revestimiento del suelo. Para cavidades más profundas se pueden rebajar las viguetas y bajar más los listones de sujeción, pero sólo deberá hacerse si se ha comprobado que la firmeza de las viguetas es la adecuada.*

Colocación de baldosas de cerámica y losas de piedra

Las baldosas de cerámica o de piedra se colocan mediante alguno de los tres métodos de instalación, dependiendo de su naturaleza y del suelo existente. Con una capa delgada de cemento cola, con un espesor no superior a 2 o 5 mm, o con una capa gruesa de cemento cola, que tiene un espesor de entre 5 y 12 mm, se pueden instalar suelos de hormigón o madera donde el espacio o la altura es limitado. Una capa gruesa de cemento y arena, de 25 mm o más, se utilizará únicamente en suelos de hormigón. Éste debería rellenar cualquier agujero, y de no ser así tendrá que repararlos. Si coloca baldosas en suelos de madera, cubra las tablas con madera contrachapada WBP de 12 mm para conseguir una superficie más rígida todavía. Esta madera puede servir de base para colocar grandes losas de piedra con una capa gruesa de cemento cola, siempre que la estructura del suelo sea

DERECHA: DETERMINACIÓN DEL PUNTO CENTRAL
Empiece buscando los puntos centrales de dos paredes opuestas y trace una línea que los una. Repita el proceso con las otras dos paredes. Allí donde las dos líneas se crucen, será el punto central de la habitación. Si la habitación no es del todo cuadrada, decida cuál de las paredes será la que discurra en la misma dirección que las baldosas y disponga una intersección en ángulo recto en función de esto. En las cocinas, es preferible asegurarse de que las baldosas van en paralelo con los armarios.

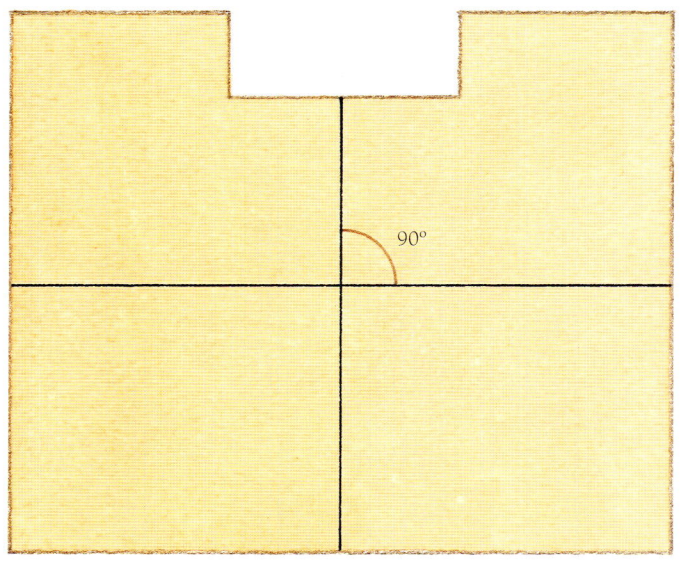

DERECHA: COLOCACIÓN EN SECO *Una vez determinado el punto central, sitúe una baldosa en el ángulo donde las líneas se cruzan, y coloque baldosas sin adherir en filas de uno desde el centro hacia las cuatro paredes siguiendo las líneas. Esto le permitirá ver si las baldosas encajan exactamente en la habitación, y de no ser así, podrá comprobar el tamaño de los huecos que quedarán en las paredes.*

suficientemente resistente. Será preferible retirar los zócalos antes de poner baldosas, de forma que cuando los vuelva a colocar escondan cualquier canto roto alrededor de la habitación. Recuerde que un pronunciado aumento de la altura del suelo supondrá rebajar las puertas por la parte inferior. (Esto es válido para cualquier pavimento que añada altura a la estructura ya existente.)

Para las baldosas de piedra o cerámica menos gruesas, se utilizan capas delgadas de cemento cola. Se encuentran ya mezclados o en polvo, y los hay resistentes al agua para los lugares húmedos. Utilice cemento cola sobre hormigón y alguno de los adhesivos epoxídicos flexibles o con base de caucho en suelos de madera. Algunos adhesivos requieren una capa de imprimación. Los fabricantes de adhesivos proporcionan instrucciones técnicas detalladas y fáciles de entender a las que debería siempre atender, así como llanas especiales pensadas para conseguir la textura y el grosor adecuados. Disponga el trabajo de manera que no haya necesidad de caminar por zonas ya colocadas durante el tiempo prescrito, que a veces puede llegar a ser de hasta cuatro días. Si necesita utilizar una habitación, coloque

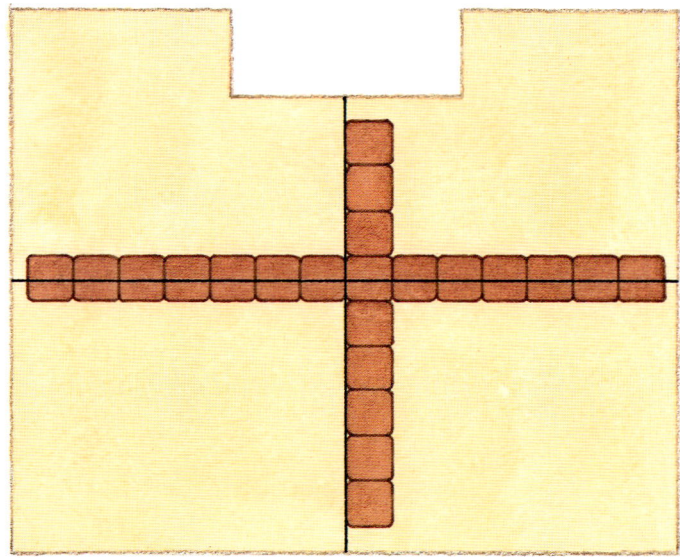

IZQUIERDA: REAJUSTE DE LAS BALDOSAS *Es poco probable que en la habitación encajen un número exacto de baldosas sin que queden huecos. Probablemente tendrá que reajustar su posición, de manera que los espacios entre la última baldosa entera y cada una de las paredes sean iguales. El objetivo es tener baldosas cortadas del mismo tamaño en las paredes opuestas.*

DERECHA: HABITACIONES IRREGULARES *Si la habitación tiene una forma irregular, disponga las baldosas en la mayor parte de la habitación como se describe arriba. Después, coloque más baldosas, sin adherirlas, hacia las esquinas irregulares y los ángulos de las paredes. Si es posible, asegúrese de que cualquier corte que necesite realizar para que encajen las formas difíciles queda en un lugar poco visible.*

el suelo en dos mitades. Los suelos siempre tienen movimiento, por ello una junta de dilatación de 3-5 mm en el perímetro es esencial.

El método del cemento y la arena se utiliza siempre para losas gruesas de piedra y también es aconsejable para las baldosas de terracota hechas a mano más gruesas e irregulares. Aunque pueden instalarse con adhesivos, las baldosas sin esmaltar son también colocadas sobre arena y cemento. Haga una mezcla de tres o cuatro partes de arena por una de cemento con un grosor no inferior a 25 mm, o incluso 35 mm en el caso de la piedra. Moje la baldosa para evitar adherencias, aplique una capa en la parte inferior con una lechada limpia de cemento y sitúelo con firmeza en su sitio. Cuando emplee losas naturales irregulares, conviene empezar con las más gruesas para establecer el nivel. Algunos fabricantes consideran adecuada una base de arena y cemento de unos 10 mm, pero si sólo dispone de ese espacio es recomendable utilizar cemento cola. En estancias donde la estructura del suelo puede no estar completamente seca o ser inestable, como ocurre con las planchas de hormigón o con la calefacción subterránea, algunos fabricantes recomiendan colocar el cemento sobre una capa de polietileno de forma que

DERECHA: COLOCACIÓN DE BALDOSAS EN DIAGONAL *Establezca el centro de la habitación como se indica en la página 176. Coloque un listón de madera formando un ángulo de 45° con las líneas marcadas. Utilizando el listón como guía, coloque una fila de baldosas en diagonal, sin adherirlas, a través de la habitación. Si fuese necesario, desplace las baldosas para igualar el espacio que queda en ambos extremos de la fila.*

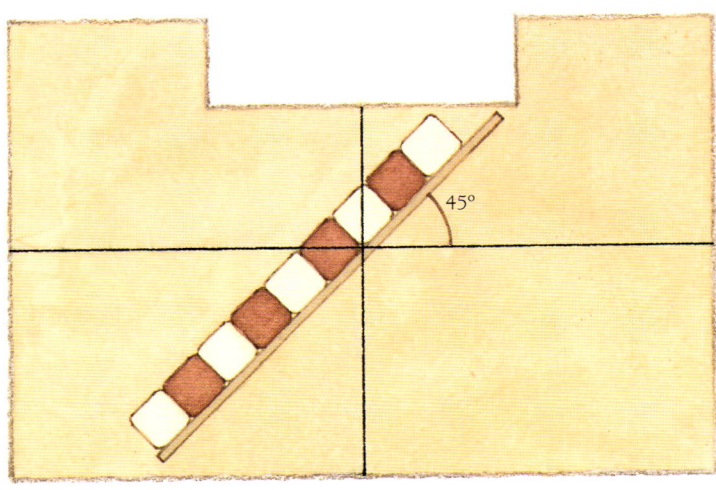

DERECHA: COLOCACIÓN DE BALDOSAS EN DIAGONAL Y CON UN CONTORNO *Para rodear con un contorno recto un suelo de baldosas colocadas en diagonal, coloque una hilera de baldosas sin adherir a lo largo de un listón igual que en la imagen de arriba. Trabajando desde el centro, comience rellenando un cuadrante de la habitación con baldosas. La última baldosa entera más cercana a la pared ofrecerá una referencia para trazar una línea paralela a la pared. Coloque una primera hilera de baldosas sin adherir siguiendo el contorno de la pared en uno de los cuadrantes y corte algunas si es necesario para que encajen. No corte las baldosas a menos de la mitad de su anchura. Introduzca un segundo contorno, cortando las baldosas tanto como fuese necesario para que encajen con la pared. Repita la operación en los otros tres cuadrantes.*

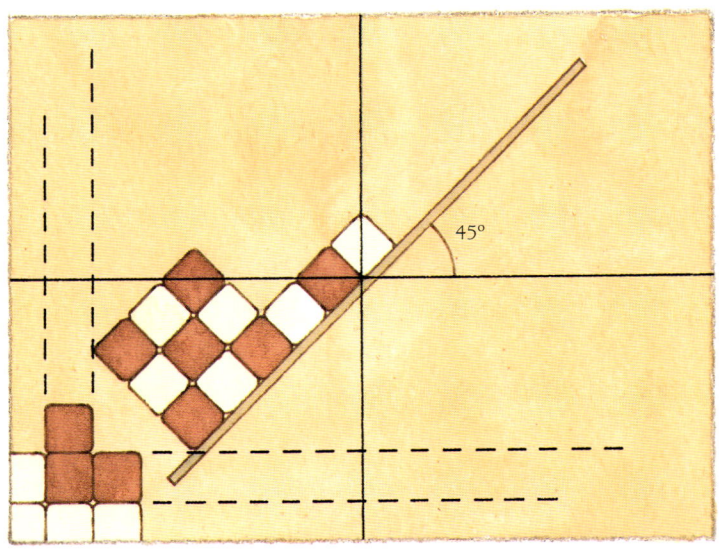

las baldosas y el cemento no se vean afectados por el movimiento de la estructura. En este caso, el cemento no deberá tener un grosor inferior a 6 cm y el trabajo debe hacerse con esmero. Este tipo de tareas es mejor dejarlo en manos de un constructor.

Para conseguir el espacio correcto entre las baldosas, utilice separadores de plástico, juntas u otros separadores uniformes, a menos que las baldosas tengan puntas separadoras en todo el contorno. Los suelos antiguos solían tener juntas más estrechas, pero hoy las hay de hasta 12 mm. Esto restará calidad al suelo, aunque algunos instaladores recomiendan juntas gruesas. Una vez las baldosas se han colocado y están completamente secas, introduzca la lechada en las juntas y elimine la sobrante transcurridos unos 10 o 15 minutos. A no ser que las baldosas estén esmaltadas, extienda siempre una capa de la selladora recomendada antes de aplicar la lechada para evitar manchas. La lechada está disponible en distintos colores, y se deberá utilizar una lechada flexible en los suelos de madera. A menos que quiera utilizar las líneas de las juntas como parte del diseño, es importante imitar con la lechada el color de la baldosa. Los bordes irregulares de baldosas hechas a mano son una de sus características principales y no deberían ser igualados; para hacerlos visibles ponga la lechada ligeramente más baja.

Las baldosas rotas no pueden repararse y deberán ser remplazadas. Comience desde el centro utilizando un martillo y un formón (o un clavo grande) para reducir a trozos pequeños las baldosas que quiera desechar; extráigalas después de la base teniendo cuidado de no dañar los bordes de las circundantes. Pique o rasque el adhesivo antiguo tanto como pueda. Asegúrese de que la profundidad sea suficiente como para que la nueva baldosa se asiente a ras de suelo, limpie la zona bien y añada cemento a la baldosa. Si tuviese que reponer grandes áreas es preferible cambiar también la base.

Colocación de pavimentos de láminas y losetas flexibles

El linóleo, el vinilo, el caucho y el corcho se colocan utilizando esencialmente el mismo método, aunque los fabricantes pueden recomendar distintos adhesivos. Como los pavimentos laminados son en comparación más delgados, cualquier irregularidad en la base se verá, por lo que conviene detenerse en la preparación de la solera. Elimine la pintura de suelos de hormigón o cualquier adhesivo. Si hay baldosas, también deben eliminarse o, si están firmemente asentadas, límpielas con un producto recomendado por el fabricante del adhesivo.

Antes de cortar, todos los materiales deberían ser desenrollados en la habitación para su aclimatación durante al menos 24 horas y a su temperatura habitual. Para insertar pavimentos laminados, comience cortando el material 5 cm más grande que las dimensiones de la habitación. Extiéndalo y, empezando por la pared recta más larga, compruebe que el dibujo es regular y discurre en paralelo con la pared. Mida y marque la lámina cuidadosamente para que encaje en la pared antes de continuar con las demás paredes o alrededor de zonas irregulares. Una vez que la lámina se ha cortado a la medida, enróllela hasta la mitad de la habitación, aplique el adhesivo y luego desenróllela con cuidado hacia su ubicación final, presionando el adhesivo para que no entre aire. Repita el mismo proceso con la otra mitad de la habitación. Acabe alisando toda la superficie desde el centro hacia fuera con un rodillo de 70 kg. La mayoría de laminados están disponibles con anchuras de 4 m por lo que no deberá realizar junturas. Si fuese necesario algún empalme, se puede usar una solución para soldar.

En la instalación de losetas flexibles, empiece desde el centro para que los cortes se produzcan en los contornos, a no ser que coloque un dibujo que precise más cortes, en cuyo caso éste deberá ser previamente dibujado en el suelo. Busque el punto central y establezca el eje de simetría de la habitación (véase pág. 176). Una vez disponga de las líneas maestras, alinee las losetas una detrás de otra. Después de colocar las losetas en seco para comprobar cómo quedará, extienda con la llana el adhesivo con el grosor recomendado. Puede comprar losetas autoadhesivas, aunque no son tan seguras y suelen presentar problemas ante el más mínimo signo de humedad. Corte las losetas del contorno para que encajen en la pared, y déjelas para el final. Cortar las láminas alrededor de tuberías, radiadores y accesorios del baño es más sencillo si utiliza una plantilla para trazar las líneas en el material antes de cortarlo. Es conveniente recortar una plantilla como comprobación final antes de cortar la lámina. Asegúrese de que los contornos están bien medidos y bien posicionados respecto a la pared. Pequeños cuadrados se pueden intercalar con cualquier loseta, o incluso con láminas, con la excepción de los vinilos acolchados. Éstos deberían cortarse y colocarse después de las losetas, pero antes de que el adhesivo se haya secado, y en habitaciones más grandes sería conveniente colocarlos a medida que complete cada cuarta parte de la habitación. Corte una plantilla del tamaño exacto de un pequeño cuadrado y utilícelo tanto para la pieza que tenga que cortar como para la porción que tenga que extraer, o en su defecto, corte los cuadrados y utilícelos como plantilla para realizar los cortes en las láminas.

Una amplísima gama de adhesivos está disponible para distintos materiales y condiciones. Los de resina de caucho se utilizan en algunas losetas vinílicas, de linóleo y de corcho. Las emulsiones acrílicas hechas con agua y sin disolventes sirven para láminas y losetas vinílicas. Las emulsiones de pasta de caucho, para linóleos y corcho. Y los epoxídicos con dos partes libres de disolvente, para láminas y suelos de caucho así como en zonas húmedas. En lugares pequeños o con láminas vinílicas con la base de espuma, necesitará solamente poner adhesivo en los bordes, en cuyo caso los de resina de caucho son apropiados. Seleccione un adhesivo que se mantenga húmedo y permita hacer ajustes. Los principales fabricantes elaboran gran cantidad de productos, incluyendo compuestos para reparaciones, selladoras, niveladores y adhesivos, muchos de los cuales no tienen disolventes, y es básico asegurarse de que los distintos productos son compatibles entre sí y con el material del suelo. Si tiene calefacción subterránea, compruebe con el fabricante que los adhesivos son los apropiados.

Colocación de moquetas

La colocación de moquetas es teóricamente sencilla, aunque en la práctica requiere cierto grado de habilidad y lo ideal es dejarlo en manos del proveedor. Pese a que es posible colocarlas con cinta y puntas, la mejor manera de encajarlas es utilizando abrazaderas que van clavadas o encoladas por todo el contorno de la habitación a 12 mm del zócalo. La base de la moqueta se corta para empalmarla con la abrazadera. La moqueta deberá ser cortada inicialmente unos 15 cm más grande que la habitación, siempre en función del tamaño del diseño, y colocada en su sitio de la forma en que éste ofrezca un mejor aspecto visto desde la puerta. Comenzando desde una esquina, sitúe la moqueta sobre la abrazadera. Es importante conseguir que la moqueta esté lo suficientemente tensada para que no se hagan pliegues con el uso. El estiramiento es el paso crucial del proceso, y una vez la moqueta alcanza la abrazadera es prácticamente imposible de mover. Ponga anclajes en las puertas, y si une dos piezas coloque dos abrazaderas a unos 10 mm de la línea divisoria de la puerta de forma que cada pieza acabe bajo la puerta cuando ésta se encuentre cerrada. Quizá quiera poner una regleta sobre la junta, o prefiera poner una tira adhesiva debajo y unir con fuerza ambos extremos.

En escaleras, puede sujetar la alfombra con tiras de abrazaderas o con varas de escalera, que es un método tradicional de sujeción apropiado para casas antiguas. Este sistema le permitirá mover la alfombra ocasionalmente para minimizar el desgaste, pero deberá dejar algo más de alfombra arriba y abajo si piensa moverla. Si utiliza el método más común de la abrazadera, sujétela en la huella y en la contrahuella, con las piezas casi tocándose. Ponga un protector bajo la alfombra, sólo en la huella y de modo que salga un poco, y doble hacia delante y hacia atrás la vuelta del saliente antes de anclarla. Las alfombras en escaleras deberían colocarse con el pelo mirando en sentido descendente. La alfombra del rellano deberá llevarse hasta el último saliente en la parte de arriba, y en la parte inferior hasta la contrahuella.

Las losetas de alfombra son fáciles de instalar, y se colocarán simplemente una detrás de otra bien juntas, cortando las del perímetro para que encajen en el zócalo. Únicamente necesitan adhesivo en puntos de apoyo, como la parte superior o inferior de una escalera, y en el centro de la loseta para evitar que se muevan. Señale el centro y ponga la loseta central primero, preferiblemente utilizando cinta de doble cara. El resto de las baldosas permanecerán en su sitio sin necesidad de pegarlas.

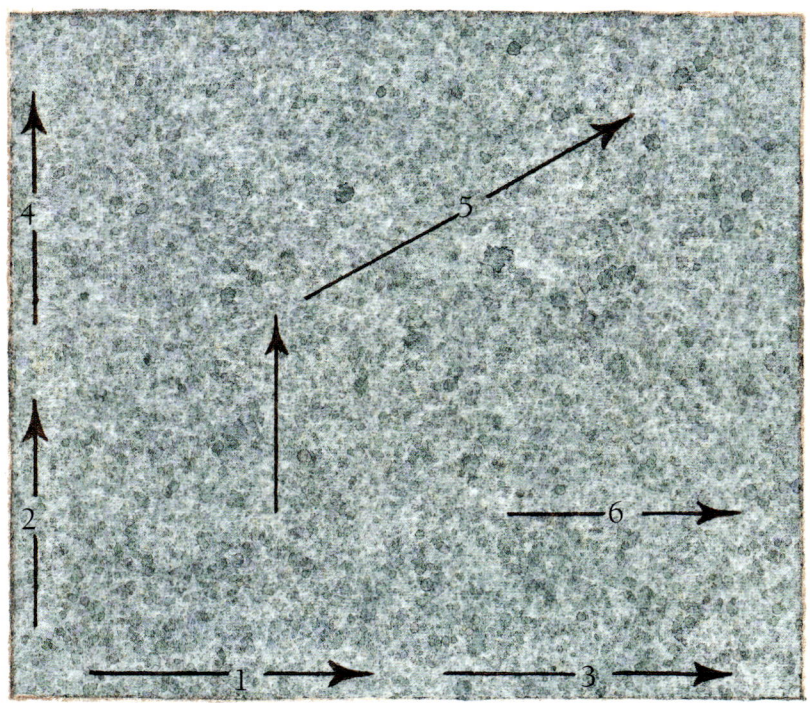

IZQUIERDA: COLOCACIÓN DE MOQUETAS *Es esencial que la moqueta quede perfectamente tensada, y la mejor forma de hacerlo es fijando una esquina para después trabajar alternativamente sobre el lado largo de la habitación (1) y después sobre el corto (2). Cuando las dos primeras paredes están listas (3 y 4), tense la alfombra en diagonal hacia la otra esquina (5) y continúe la colocación hacia la pared (6). A medida que avance, estire de la alfombra continuamente en dirección contraria a la pared más larga y engánchela con firmeza a la abrazadera.*

Limpieza de manchas en la piedra

La piedra, particularmente los mármoles, se mancha si se deja sin sellar. Como algunas manchas son difíciles de eliminar, actúe rápidamente para absorberlas con un trapo blanco pero no las frote porque se esparcirán. Aclare la zona con agua. La clave para eliminar la mancha es identificar la sustancia que la ha causado. Algunas manchas son lavables, pero otras necesitarán un emplasto y el hierro, en particular, puede no ser eliminado totalmente jamás. Conviene solicitar a su proveedor una pequeña cantidad de emplasto para tenerlo siempre a mano. De todos modos, usted puede elaborar uno propio con los componentes que se citan en esta página. Extienda sobre la mancha el emplasto con un grosor de unos 6 mm, cúbralo con una pieza pequeña de polietileno y cierre los bordes con cinta. Déjelo sobre la zona afectada unas 24 horas, después retire el plástico y déjelo secar otras 24 horas. Con el secado se absorbe la mancha. Aclare la zona minuciosamente con agua y frótela, repitiendo la operación si fuese necesario. El emplasto puede ser también aplicado mojando una gamuza en el líquido y utilizándolo de la misma forma. No mezcle productos químicos y jamás mezcle lejía con amoniaco, porque el gas que desprende puede ser letal.

MANCHAS OLEOSAS (grasa, alquitrán, aceite de cocina, leche, cosméticos, pinturas al óleo) es probable que oscurezcan la piedra y debe ser disuelta de manera que la mancha se pueda lavar. Limpie suavemente con un trapo delicado utilizando alguno de estos productos: líquido limpiador con lejía, detergente doméstico, amoniaco o acetona. Para los emplastos mezcle soda y agua.
MANCHAS ORGÁNICAS (café, té, zumos de fruta, comida, orina) originan normalmente una mancha marrón rosado. Utilice una solución al 12 % de peróxido de hidrógeno y unas gotas de amoniaco. Para los emplastos mezcle caolín, tierra de batán, tiza en polvo o talco con una solución al 12 % de peróxido de hidrógeno o con acetona.
TINTA sólo en piedras claras, limpie con lejía o peróxido de hidrógeno. En piedras oscuras utilice acetona.
PINTURA para pinturas al óleo, véase más arriba. Las pinturas vinílicas, acrílicas o con látex deberán ser rascadas con una espátula de madera o de plástico, o en su defecto y con mucho cuidado, utilizando una cuchilla. Derrames muy grandes necesitarán un raspador si rascar no basta; esto erosionará la piedra, la cual deberá ser pulimentada de nuevo.
ARAÑAZOS Y MARCAS los daños en superficies delicadas pueden ser alisados con estopa de acero; también puede utilizar polvo para pulir mármol disponible comercialmente; siga las instrucciones, que normalmente aconsejan un pulido final con una rueda pulidora a baja velocidad.

ÓXIDO manchas naranjas, marrones, o verdes si las causa el cobre o el bronce, son difíciles de eliminar y deberá consultar con un especialista. Tenga extremo cuidado con estas manchas y evite el agua en el suelo cerca de muebles u objetos de hierro.

Eliminación de manchas en las alfombras

Cuanto antes actúe tras verterse algo en una alfombra, mayores posibilidades tiene de que la mancha no perdure. Si se vierten líquidos, absórbalos tanto como pueda con una gasa. No frote, seque siempre. Los sólidos, como las grasas o el alquitrán, deberían rebañarse con un cuchillo.

GRASA después de rebañar cualquier resto sólido, absorba los residuos con una solución limpiadora en seco apropiada, secando frecuentemente con un trapo absorbente.
PINTURAS AL ACEITE elimine el grueso del vertido, aplique con un trapo blanco jabón para alfombras diluido, aclare con agua limpia y absórbala con un trapo seco. Cuando se seque, cepille la zona.
EMULSIÓN (LÁTEX) elimine el grueso del vertido, limpie la zona con agua fría y aplique jabón para alfombras diluido. Aclare con agua limpia, seque y cepíllelo.
ZUMOS DE FRUTA, CAFÉ, TÉ, VINO TINTO, JEREZ humedezca un trapo blanco con jabón para alfombras diluido en agua tibia. Seque la humedad que haya quedado. Cepille la zona afectada en la dirección del pelo.
LECHE utilice la misma técnica que para el zumo de frutas, pero aplique una solución limpiadora en seco apropiada en la grasa que quede.
SANGRE absórbala con una gasa y aplique un trapo con agua fría sobre la zona afectada.
ORINA séquela inmediatamente y aplique en la zona jabón para alfombras diluido y una solución con vinagre muy rebajado (una cucharada sopera por $\frac{1}{4}$ de litro). Séquelo con gasa absorbente y cepille en la dirección del pelo.
TINTA después de absorber la tinta, aclare la mancha con agua tibia y absórbala al mismo tiempo. Aplique jabón para alfombras diluido y enjuague con agua limpia.
MANCHAS DE BOLÍGRAFO humedézcalas con alcohol metílico y aclárelo con agua tibia antes de cepillar en la dirección del pelo.
CHICLE utilice un agente congelante apropiado según las instrucciones del fabricante.

Madera apropiada para suelos

La siguiente tabla enumera las maderas más utilizadas para suelos y, por lo general, disponibles. Otras maderas son también apropiadas pero no son fáciles de conseguir y por tanto no se han incluido. Entre éstas se encuentra el abeto plateado, el pino blanco occidental, el castaño español o dulce. Las maderas tropicales como la caoba y la teca son especies en peligro y se han omitido. Si se interesa por una madera dura tropical para su suelo, asegúrese de que proviene de bosques gestionados responsablemente.

MADERAS BLANDAS	Características visuales	Disponibilidad	Anchura de las tablas	Coste relativo
Pino de Oregón	marrón anaranjado veta alargada	buena	ancha	medio/alto
Alerce	rojo anaranjado veta alargada y puede presentar nudos	media	ancha	medio/bajo
Abeto de Noruega	marrón amarillento muy pálido y veta alargada	buena	ancha	medio/bajo
Pino rojo (canadiense)	marrón rojizo suave, veta alargada y textura fina	media	media/ancha	medio/bajo
Pino albar (madera roja europea)	entre amarillo y marrón rojizo su veteado característico puede presentar nudos	buena	media/ancha	medio/bajo
Pinabete occidental	marrón muy pálido, veta alargada y textura regular	buena	ancha	medio

MADERAS DURAS				
Cerezo americano	marrón rojizo intenso veta alargada y textura suave	media	estrecha/media	medio/alto
Roble rojo americano rojo rosado	veta alargada y textura rugosa	buena	media/ancha	medio
Nogal americano	de marrón a negro violáceo, marrón pálido, textura regular	limitada	media	alto
Roble blanco americano	de marrón amarillento a marrón rojizo pálido, veta alargada, de textura rugosa media	buena	ancha	medio/alto
Fresno común	blanco/marrón pálido veta alargada, textura rugosa	muy buena	media/ancha	medio
Haya común	de marrón blanquecino pálido a marrón amarillento veta alargada, textura fina	buena	estrecha/media	medio
Olmo inglés	marrón pálido, veta alargada y entrelazada, textura rugosa	escasa	media/ancha	alto
Roble europeo	de amarillo a marrón pálido, veta alargada, textura rugosa	buena, dependiendo de las especies	media/ancha	alto
Plátano europeo	amarillo/blanco veta alargada u ondulada	buena	media/ancha	medio/alto
Jarrah	marrón rojizo veta alargada u ondulada, textura media/rugosa	media	media/ancha	alto
Arce	marrón blanquecino, veta alargada, textura fina	buena	media/ancha	medio/alto

PROVEEDORES

BALEARES

SUMINISTROS IBIZA
Ctra. Ronda, s/n;
07800 Ibiza,
Telf. 971-31 39 12

BARCELONA

AKI
(Junto a Pryca);
08349 Cabrera de mar,
Telf. 93-750 00 30
Tejidos, Piedra, Metal, Cerámica,
Cristal, Tapices y Alfombras

CASH CERAM
Buenos Aires, 18;
08029 Barcelona,
Telf. 93-410 77 32
Cerámica y Pavimentos

**COMERCIAL DE MOQUETAS
Y TEXTILES**
Vía Augusta, 125 ático;
08006 Barcelona,
Telf. 93-201 10 49
Pavimentos vinílicos y Parqués

DECOPARQUET
Rambla de Catalunya, 87;
08008 Barcelona,
Telf. 93-215 48 63
Parqués y Cerámicas de todo tipo

EXCLUSIVAS URSA
Bailén, 130;
08037 Barcelona,
Telf. 93-458 82 02
Pavimentos y Revestimientos
de madera, corcho, PVC

INSTALACIONES LIGERAS
Pº San Gervasi, 22;
08022 Barcelona,
Telf. 93-417 81 89
Todo tipo de Pavimentos
y Revestimientos

MALEP
Balmes, 66;
08007 Barcelona,
Telf. 93-215 25 75
Amplio surtido de Parqués, Linóleo,
PVC, etc.

MOSAICS MARTÍ
Ctra. de Vic, 115;
08240 Manresa,
Telf. 93-874 25 51
Baldosas encáusticas

NEO CERÁMICA
Mandri, 43;
08022 Barcelona,
Telf. 93-211 89 58
Cerámica, Piedra, Vidrio, Losetas,
Baldosas

OSMAS
Pje. de la Concepción, 7;
08008 Barcelona,
Telf. 93-215 59 09

PARK MOBEL
Rosellón, 189;
08036 Barcelona,
Telf. 93-218 18 30
Parqués, Pavimentos de corcho
y PVC

PERELLÓ
Provenza, 253;
08008 Barcelona,
Telf. 93-215 12 10
Importación de Tejidos, Moquetas
y Tapicerías

SERVICIO ESTACIÓN
Aragón, 270-272;
08007 Barcelona,
Telf. 93-216 02 12
Cerámica, Vidrio, Metal, Piedra,
Tapices y Alfombras

SOLNHOFEN
Santa Tecla, 3;
08012 Barcelona,
Telf. 93-415 86 61
Distribuidores de Piedra natural

VÍA CERÁMICA
Vía Augusta, 108;
08006 Barcelona,
Telf. 93-415 43 51
Pavimentos y Revestimientos
cerámicos

BILBAO

BRICO HOGAR
Rodríguez Aria, 58;
48013 Bilbao,
Telf. 94-480 10 69
Cerámica, Piedra, Metal, Vidrio
y Alfombras

EL CORTE INGLÉS
Gran Vía, 7-9;
48001 Bilbao,
Telf. 94-424 22 11
Metal, Piedra, Cerámica, Vidrio
y Alfombras

CADIZ

MILLÁN
Pol. Ind. Pelagatos
Avda. Bahía Algeciras s/n;
11130 Chiclana de la Frontera,
Telf. 956-53 03 61
Pavimentos

CANTABRIA

EXNOR
Pol. de Raos, parc. 12,
Ctra. Puerto Deportivo;
39600 Maliaño,
Telf. 942-36 93 94
Revestimientos

GIRONA

COSME TODA
Barcelona, 33;
17002 Girona;
Telf. 972-21 56 04
Pavimentos y Revestimientos
cerámicos

JOAN RAVENTÓS
Ctra. Bisbal-Fonteta, 10;
17111 Vullpellac,
Telf. 972-64 30 00
Fabricante de Cerámicas esmaltadas
y vidriadas

GRANADA

PAVISUELOS
Primavera, 4;
18006 Granada,
Telf. 958-12 29 11
Suelos de madera, Corcho, PVC
y Formica

GUIPUZCOA

GARLO REVESTIMIENTOS
Mateo Errota, 11-13;
C.P. 20014
Telf. 943-47 36 73
Revestimientos en general

LEÓN

COTEGRAN
Estacada s/n;
34750 La Bañeza,
Telf. 987-64 06 79
Revestimientos en general

LLEIDA

CASH-CERAM
Av. Barcelona, 13;
25300 Tàrrega,
Telf. 973-50 02 30
Cerámicas y Pavimentos

VIPAC
Nadal Meroles, 20;
25008 Lleida,
Telf. 973-23 44 32
Revestimientos y Pavimentos

MADRID

AZULEJOS PEÑA
Pº de la Castellana, 84;
28003 Madrid,
Telf. 91-594 40 29
Pavimentos y Revestimientos

BENAKI
Doctor Esquerdo, 183;
28007 Madrid,
Telf. 91-501 37 46
Pavimentos rústicos y cerámicos

BENTON
Viriato, 35;
28010 Madrid,
Telf. 91-594 00 53
Moquetas y Alfombras

CEYSA
Embajadores, 104;
28012 Madrid,
Telf. 91-517 11 58
Revestimientos cerámicos

HIGH TECH
Conde de Xiquena, 13;
28004 Madrid,
Telf. 91-319 96 53
Pavimentos plásticos

J & M
Imperial, 10;
28012 Madrid,
Telf. 91-366 99 03
Tapices y Alfombras

LAGUARDIA
Ríos Rosas, 9;
28003 Madrid,
Telf. 91-399 10 04

Embajadores, 135;
28045 Madrid,
Telf. 91-468 31 58

Ctra. Barcelona, km 34,2;
28800 Alcalá de Henares,
Telf. 91-888 34 00
Revestimientos cerámicos

PROVEEDORES

LYFER
Peña Prieta, 66;
28038 Madrid,
Telf. 91-551 02 69
Especialistas en Corcho, PVC
y Fibras vegetales

MARGA LANTERO
Conde de Aranda, 21;
28001 Madrid,
Telf. 91-435 37 58
Revestimientos y Grecas

PAZ Y CÍA
Ctra. de Valencia, km 25,5;
28500 Arganda del Rey,
Telf. 91-871 14 27

Rodríguez San Pedro, 5;
28015 Madrid,
Telf. 91-447 48 35

Alcalde Sainz de Baranda, 61;
28009 Madrid,
Telf. 91-573 52 32
Revestimientos cerámicos

RADISA
Pº Imperial, 40-42;
28005 Madrid,
Telf. 91-365 32 00

REVESTIMIENTOS OSAKA
Galileo, 9, Zona Industrial;
28820 Coslada,
Telf. 91-672 30 62
Revestimientos decorativos de alta
calidad. Pastas textiles japonesas para
revestimientos continuos

SÁNCHEZ PLA
Gutemberg, s/n,
Pol. Ind. San Marcos;
28906 Getafe,
Telf. 91-683 55 00
Pavimentos de todo tipo

SUELOS & PAREDES
El Jardín de Velázquez,
Villanueva, 23;
28001 Madrid,
Telf. 91-431 61 83

Ctro. Cial. El Centro de la Moraleja
N I, km 13,
Avda. de Europa 13-15, La Moraleja;
28100 Alcobendas,
Telf. 91-661 85 67

Serrano, 61;
Ctro. Cial. ABC, local 22, planta baja;
28006 Madrid,
Telf. 91-578 14 31
Especializados en Pavimentos
y Revestimientos vinílicos

TODO SUELO
Escosura, 2;
28015 Madrid,
Telf. 91-593 80 17
Pavimentos de plástico y madera,
Moquetas de lana o fibra, etc.

VOLTERRA
Mayor, 68;
28013 Madrid,
Telf. 91-559 30 23
Revestimientos

SEVILLA

ALEJANDRO REINA
Génova, 10;
41010 Sevilla,
Telf. 95-427 17 26
Parqués, Corchos, Moquetas. Realizan
instalaciones

CANALEJAS, 10
Canalejas, 10;
41001 Sevilla,
Telf. 95-422 27 90
Instalación de todo tipo
de Revestimientos

PARSUR
Génova, 10;
41010 Sevilla,
Telf. 95-427 83 04
Moquetas, Corcho, Pavimentos de
goma y PVC. Instaladores de tarimas
tradicionales y flotantes de la firma
Kährs

TELAR
Anjona, 7;
41001 Sevilla,
Telf. 95-421 47 83
Alfombras y Tapices

VALENCIA

AKI
Avda. Albufera (frente a Continente);
46910 Seraví,
Telf. 96-375 71 57
Metal, Piedra, Cerámica, Vidrio
y Alfombras

BLESA
Literato Azorín, 16;
46006 Valencia,
Telf. 96-341 26 66
Pavimentos, Revestimientos
para interior: Parqués
tradicionales, Tarimas flotantes,
Corcho, Suelos ligeros, Moquetas,
Telas, etc.

DINS I FORA
Antigons 1-10;
46136 Museros,
Telf. 96-130 15 44
Amplia variedad en Barro, Piedra
natural, Madera, Mármol
anticato, etc.

ESTEVID
Gran Vía Fernando el Católico, 45;
46008 Valencia,
Telf. 96-384 18 28
Parqués flotantes y tradicionales,
Corcho, Suelos de PVC, Moquetas, etc.

**NACHO SUMINISTROS
CERÁMICOS**
Cádiz 15;
46006 Valencia,
Telf. 96-341 30 96
Cerámica, Piedra

SANIHOGAR
Jesús, 61;
46007 Valencia,
Telf. 96-380 35 01
Azulejos, Pavimentos, Gres,
Cerámica, Granito, Mármoles, etc.

ZARAGOZA

AKI
María Zambrano, s/n, Ctro. Cial.
Pryca;
50015 Zaragoza,
Telf. 976-52 74 66
Alfombras, Piedra, Cerámica, Vidrio

ARESA
Monasterio San Martín, 9;
50013 Zaragoza,
Telf. 976-41 33 50
Tarima finlandesa Lamella, Moquetas,
Corcho, Linóleo, Sisal, Coco

EL CORTE INGLÉS
Pº Sagasta, 3;
50006 Zaragoza,
Telf. 976-21 11 21
Metal, Piedra, Cerámica, Vidrio,
Alfombras

FERRETERÍA HUZATE
Barcelona 67;
50010 Zaragoza,
Telf. 976-534201
Metal, Piedra, Cerámica y Alfombras

FUEGO Y BARRO
General Sueiro, 39;
50008 Zaragoza,
Telf. 976-23 68 03

Agradecimientos del autor

Cuando acepté la invitación de Frances Lincoln para escribir este libro no podía imaginar el inmenso placer que ello me proporcionaría. Ante todo quiero dar las gracias a Frances por confiar en mí y creer que estaría a la altura de este trabajo, gracias también al equipo de la editorial que nunca dejó que el rigor que requería la realización de este libro interfiriese en mi entusiasmo durante su proceso de elaboración. Este libro le debe mucho, igual que yo, a Sally Cracknell. Ningún autor podría haber contado con la colaboración de una diseñadora con tanto talento y agudeza.

Mis colegas de la Berman Guedes Stretton Architects, 25 Cave Street, Oxford OX4 1B y Thomas Rayson Partnership cohesionaron mi trabajo y aportaron ideas constructivas; Simon Norris contribuyó con sus valiosos conocimientos sobre la madera. Ha sido un placer hablar sobre los materiales con la gente que los fabrica y los trabaja, y que disfruta con ellos. A continuación querría agradecer el tiempo que las siguientes personas han dedicado a transmitirme sus conocimientos y a revisar el texto: Liz Fecitt de Kirkstone Quarries, Mike Hardiman de Brintons Carpets, Richard O'Grady de Stone Age, y Costas Sakellarios de Pisani Ltd. Gracias también a las siguientes personas por haber leído el texto y sugerir correcciones vitales (cualquier error o fallo es responsabilidad mía): Emma Biggs de Mosaic Workshop, Piero Cassandro de Domus Tiles, Janet Green de Crucial Trading, David Gunton de David Gunton Hardwood Flooring, Robert Handy de Timbmet, Steve Witt de Jaymart Ltd., David Muncey de Forbo Nairn y la especialista en mosaicos Anna Wyner. Gracias especiales para los de casa, a Phillipa, Zoe y especialmente a Alison por su apoyo incondicional y por aceptar con gran vehemencia y sentido del humor el caos que traje a casa.

Agradecimientos del editor

Frances Lincoln Publishers querría agradecer a James Bennett, Hilary Mandleberg y Peggy Vance su trabajo inicial en el libro, a Ruth Carim por corregir las pruebas del libro, a Kathie Gill por su contribución con el índice, a Sara Robin por su ayuda en el diseño y Amanda Patton por las artes finales.

Editores Caroline Bugler, Christine O'Brien
Editor artístico Sally Cracknell
Ayudante del editor Sarha Labovitch
Encargada del material fotográfico Sue Gladstone
Responsable de producción Liz Stewart
Director de arte Caroline Hillier
Directora de la editorial Erica Hunningher
Reponsable del material fotográfico Anne Fraser

Índice

Agradecimientos
por el material fotográfico

a= arriba, b= abajo, c= centro, i= izquierda, d= derecha,
D= diseñador, A= arquitecto

1 John Ferro Sims; 2-3 René Stoeltie (Karen Cheryl, D Fréderic Méchiche); 5 The Life Enhancing Tile Company; 6 Deidi von Schaewen (A Jim Rossant, Nueva York); 7 Deidi von Schaewen; 8 Simon Kenny/*Belle*/Arcaid; 9 Deidi von Schaewen (Sr. y Sra. Armand Bartos, A Claudio Silverstrin); 10-11 Paris Ceramics; 14 Ray Main; 15 Peter Woloszynski/The Interior Archive Ltd.; 17 Julie Phipps/Arcaid; 18a Deidi von Schaewen; 18b Jean-Pierre Godeaut; 19 Fritz von der Schulenburg/The Interior Archive Ltd.; 20 Fritz von der Schulenburg/The Interior Archive Ltd. (A Andrea Taverner); 21 Ianthe Ruthven (Nicolas Groves-Paines, Kristin Hannesdottir); 22 Peter Woloszynski/The Interior Archive Ltd.; 23 Deidi von Schaewen (Kathleen Warren); 24-25 Ray Main; 26-27 James Mortimer/The Interior Archive Ltd. (D Jacques Grange); 27a Paris Ceramics; 28 Robert Franklin Architects, Oxford (Tel. 01865 311440); 29 Stonell Ltd.; Andreas von Einsiedel (D Fréderic Méchiche); 32 Nadia Mackenzie (Joseph Ettedgui); 33 John Ferro Sims; 34 Julie Phipps/Arcaid; 35a+c Fired Earth; 35b Stonell Ltd.; 36-37 Fritz von der Schulenburg/The Interior Archive Ltd. (A Nico Rensch); 38 *The World of Interiors*/Thibault Jeanson (D Stephen Sills y James Huniford); 39a + c Fired Earth; 39b Simon Kenny/*Vogue Living*; 40 John Ferro Sims; 41 John Hall; 42-43 Roberto Polidori; 44 Alberto Piovano/Arcaid (A Cecillia y Ottorino Berselli); 45 Deidi von Schaewen (Sr. y Sra. Armand Bartos, A Claudio Silverstrin); 46-47 Paul Ryan/International Interiors (M.Kreigel); 47a The Life Enhancing Tile Company; 48 John Ferro Sims; 49a Fritz von der Schulenburg/ The Interior Archive Ltd (D Mimmi O'Connell); 49b Paris Ceramics; 50 René Stoelti (D Fréderic Méchiche); 51a, c+bi Fired Earth; 51bd Andreas von Einsiedel (D Monika Apponyi); 52 Bernard Touillon/*Côté Sud*/Elizabeth Whiting and Associates; 53 Fritz von der Schulenburg/The Interior Archive Ltd. (D Mimmi O'Connell); 54 Cecilia Innes/The Interior Archive Ltd.; 55 Deidi von Schaewen (D Christian Astuguevielle); 56 The Life Enhancing Tile Company (D Robert Manners); 57 Fritz von der Schulenburg/The Interior Archive Ltd. (D Rima El-Said); 58-59 Polly Farquharson (D Sebastian Fisher); 60 Christopher Simon Sykes/The Interior Archive Ltd. (Maxine de la Falaise); 61 Fritz von der Schulenburg/The Interior Archive Ltd. (A Paula Navone); 62 Verne; 63-64 Deidi von Schaewen; 65 Jacques Dirand/The Interior Archive Ltd. (Gerard Decoster); 66a Domus Tiles Limited; 66-67 Massimo Listri; 68 Philip H. Ennis Photography (D Terra Designs); 69a Domus Tiles Ltd.; 69b Simon Kenny/*Vogue Living*; 70 Paris Ceramics; 71ai+ci Paris Ceramics; 71ad Ray Main, 71cd Domus Tiles Ltd.; 71bi Nadia Mackenzie; 71bd John Ferro Sims; 72 John Ferro Sims; 73i Domus Tiles Ltd.; 73d Jean-Pierre Godeaut; 74i Fritz von der Schulenburg/The Interior Archive Ltd. (A Paula Navone); 74d David Churchill/Arcaid; 75 Andreas von Einsiedel (D Tatiana von Hesser); 76 Nadia Mackenzie; 77 Jean-Pierre Godeaut (D Martine Lionel Dupont); 78-79 Junckers Ltd.; 79a, 80-81 Campbell Marson & Co.Ltd.; 83 Jan Verlinde (D Pieter Vandenhout); 84 Simon Kenny/*Vogue Living*; 85 Robin Mathews; 86i Alberto Piovano/Arcaid (A P. Robbrecht); 86d Junckers; 87 Deidi von Schaewen (M. Torreciliat); 88 Andreas von Einsiedel (D Axel Vervoordt); 89 Sinclair Till; 90-91 *Elle Decoration*; 92 René Stoeltie (D Fréderic Méchiche); 93 John Hall; 94 Henry Wilson/The Interior Archive Ltd. (Celia Lyttleton); 95 *The World of Interiors*/Jacques Dirand; 96 Jan Tham/*Sköna Hem*/Camera Press; 97 *The World of Interiors*/Henry Bourne; 98 Tom Leighton/Elizabeth Whiting and Associates; 99 Richard Bryant/Arcaid (A Gwathmey Siegel);100a Brintons; 100-101 Andreas von Einsiedel (D Ina Lindemann); 102 Ege Axminster A/S (Fischbild, 1925); 103 Fritz von der Schulenburg/The Interior Archive Ltd. (D Mimmi O'Connell); 104 Fritz von der Schulenburg/The Interior Archive Ltd.; 105a John Ferro Sims; 105b Christopher Farr (D Allegra Hicks); 107 Deidi von Schaewen; 108a,c+bd Brintons; 109 Interface Europe Ltd.; 110 Verne; 111 Fritz von der Schulenburg/The Interior Archive Ltd. (D Mimmi O'Connell); 112 John Hall; 114a Jean-Pierre Godeaut (Jacques Damaze); 114b Rob Gray (D Christine Van der Hurd of CVDH Design); 114-115 Deidi von Schaewen (D Christian Duc); 116 Nadia Mackenzie (D Anta Scotland Ltd.); 117 Jonathan Pilkington/The Interior Archive Ltd.; 118 Jan Baldwin (Roger Oates Design Associates); 119 Andreas von Einsiedel (A John Simpson); 120-121 Nadia Mackenzie; 122a Crucial Trading; 122-123 Alan Weintraub/Speranza/Arcaid (D Orlando Diaz-Azcuy); 124 Andreas von Einsiedel (D Tatiana von Hessen); 125 Fritz von der Schulenburg/The Interior Archive Ltd. (D Richard Mudditt); 126-128 Crucial Trading; 129+130i Tim Clinch/The Interior Archive Ltd.; 130-131 Christopher Simon Sykes/The Interior Archive Ltd.; 132 Bruno Triplet Ltd.; 133 David Parmiter; 134 Andreas von Einsiedel (D Monika Apponyi); 135 Roger Oates Design Associates; 137 Lars Hallen (Isotalo); 138a Sinclair Till; 138-139 Georgia Glynn Smith (Sinclair Till); 141 Sinclair Till; 142 Ray Main; 143ai Sinclair Till; 143ad+b Jonathan Pilkington/The Interior Archive Ltd. (A Justine Meath-Baker); 144-145 Simon Upton/*Homes & Gardens*/Robert Harding Picture Library; 146 Ray Main; 147 Fritz von der Schulenburg/The Interior Archive Ltd.(Andre Heller); 148a,ci+bd Amtico; 148cd+bi Harvey Maria ltd.; 150a Altro Floors; 150ac,bc+b Jaymart Rubber & Plastics Ltd.; 151 Wicanders; 152-153 Henry Wilson/The Interior Archive Ltd. (D Sophie Saren); 154-155 Jason Lowe © Condé Nast PL *House and Garden*; 156a Gooding Aluminium; 156-157 Sandro Sodano; 158 Reiner Blunk/Arcaid (A Mark Mack); 159 John Edward Linden/Avanti Architects Ltd. (D Justine de Syllas); 160 Andreas von Einsiedel (D Charles Rutherfoord); 161 Gooding Aluminium; 162 Ray Main; 163 *The World of Interiors*/James Mortimer; 164 Jean-Pierre Godeaut; 165 Richard Bryant/Arcaid (A John Young); 166 Bill Amberg; 167 Lasar Europe Ltd.; 168-169 Simon Brown/The Interior Archive Ltd. (Michael Casey); 169a Sinclair Till.